中华优秀传统文化在现代管理中的创造性转化与创新性发展工程
"中华优秀传统文化与现代管理融合"丛书

职业素养的传统文化智慧

毕建欣 ◎ 著

企业管理出版社
ENTERPRISE MANAGEMENT PUBLISHING HOUSE

图书在版编目（CIP）数据

职业素养的传统文化智慧 / 毕建欣著. -- 北京：企业管理出版社，2025. 5. --（"中华优秀传统文化与现代管理融合"丛书）. -- ISBN 978-7-5164-3281-5

Ⅰ. K203；B822.9

中国国家版本馆CIP数据核字第20258AN052号

书　　名：	职业素养的传统文化智慧
书　　号：	ISBN 978-7-5164-3281-5
作　　者：	毕建欣
责任编辑：	陈　戈　蒋舒娟
特约设计：	李晶晶
出版发行：	企业管理出版社
经　　销：	新华书店
地　　址：	北京市海淀区紫竹院南路17号　邮　　编：100048
网　　址：	http://www.emph.cn　电子信箱：26814134@qq.com
电　　话：	编辑部（010）68701661　发行部（010）68417763　68414644
印　　刷：	北京联兴盛业印刷股份有限公司
版　　次：	2025年5月第1版
印　　次：	2025年5月第1次印刷
开　　本：	710mm×1000mm　1/16
印　　张：	14.5
字　　数：	178千字
定　　价：	78.00元

版权所有　翻印必究・印装有误　负责调换

编 委 会

主　任： 朱宏任　中国企业联合会、中国企业家协会党委书记、常务副会长兼秘书长

副主任： 刘　鹏　中国企业联合会、中国企业家协会党委委员、副秘书长

　　　　　孙庆生　《企业家》杂志主编

委　员：（按姓氏笔画排序）

　　　　　丁荣贵　山东大学管理学院院长，国际项目管理协会副主席

　　　　　马文军　山东女子学院工商管理学院教授

　　　　　马德卫　山东国程置业有限公司董事长

　　　　　王　伟　华北电力大学马克思主义学院院长、教授

　　　　　王　庆　天津商业大学管理学院院长、教授

　　　　　王文彬　中共团风县委平安办副主任

　　　　　王心娟　山东理工大学管理学院教授

　　　　　王仕斌　企业管理出版社副社长

　　　　　王西胜　广东省蓝态幸福文化公益基金会学术委员会委员，菏泽市第十五届政协委员

　　　　　王茂兴　寿光市政协原主席、关工委主任

　　　　　王学秀　南开大学商学院现代管理研究所副所长

　　　　　王建军　中国企业联合会企业文化工作部主任

　　　　　王建斌　西安建正置业有限公司总经理

　　　　　王俊清　大连理工大学财务部长

　　　　　王新刚　中南财经政法大学工商管理学院教授

　　　　　毛先华　江西大有科技有限公司创始人

　　　　　方　军　安徽财经大学文学院院长、教授

　　　　　邓汉成　万载诚济医院董事长兼院长

冯彦明	中央民族大学经济学院教授
巩见刚	大连理工大学公共管理学院副教授
毕建欣	宁波财经学院金融与信息学院金融工程系主任
吕　力	扬州大学商学院教授，扬州大学新工商文明与中国传统文化研究中心主任
刘文锦	宁夏民生房地产开发有限公司董事长
刘鹏凯	江苏黑松林粘合剂厂有限公司董事长
齐善鸿	南开大学商学院教授
江端预	株洲千金药业股份有限公司原党委书记、董事长
严家明	中国商业文化研究会范蠡文化研究分会执行会长兼秘书长
苏　勇	复旦大学管理学院教授，复旦大学东方管理研究院创始院长
李小虎	佛山市法萨建材有限公司董事长
李文明	江西财经大学工商管理学院教授
李景春	山西天元集团创始人
李曦辉	中央民族大学管理学院教授
吴通福	江西财经大学中国管理思想研究院教授
吴照云	江西财经大学原副校长、教授
吴满辉	广东鑫风风机有限公司董事长
余来明	武汉大学中国传统文化研究中心副主任
辛　杰	山东大学管理学院教授
张　华	广东省蓝态幸福文化公益基金会理事长
张卫东	太原学院管理系主任、教授
张正明	广州市伟正金属构件有限公司董事长
张守刚	江西财经大学工商管理学院市场营销系副主任
陈　中	扬州大学商学院副教授
陈　静	企业管理出版社社长兼总编辑
陈晓霞	孟子研究院党委书记、院长、研究员
范立方	广东省蓝态幸福文化公益基金会秘书长

范希春	中国商业文化研究会中华优秀传统文化传承发展分会专家委员会专家
林　嵩	中央财经大学商学院院长、教授
罗　敏	英德华粤艺术学校校长
周卫中	中央财经大学中国企业研究中心主任、商学院教授
周文生	范蠡文化研究（中国）联会秘书长，苏州干部学院特聘教授
郑俊飞	广州穗华口腔医院总裁
郑济洲	福建省委党校科学社会主义与政治学教研部副主任
赵德存	山东鲁泰建材科技集团有限公司党委书记、董事长
胡国栋	东北财经大学工商管理学院教授，中国管理思想研究院院长
胡海波	江西财经大学工商管理学院院长、教授
战　伟	广州叁谷文化传媒有限公司 CEO
钟　尉	江西财经大学工商管理学院讲师、系支部书记
官玉振	北京大学国家发展研究院发树讲席教授、BiMBA 商学院副院长兼 EMBA 学术主任
姚咏梅	《企业家》杂志社企业文化研究中心主任
莫林虎	中央财经大学文化与传媒学院学术委员会副主任、教授
贾旭东	兰州大学管理学院教授，"中国管理 50 人"成员
贾利军	华东师范大学经济与管理学院教授
晁　罡	华南理工大学工商管理学院教授、CSR 研究中心主任
倪　春	江苏先锋党建研究院院长
徐立国	西安交通大学管理学院副教授
殷　雄	中国广核集团专职董事
凌　琳	广州德生智能信息技术有限公司总经理
郭　毅	华东理工大学商学院教授
郭国庆	中国人民大学商学院教授，中国人民大学中国市场营销研究中心主任

唐少清	北京联合大学管理学院教授，中国商业文化研究会企业创新文化分会会长
唐旭诚	嘉兴市新儒商企业创新与发展研究院理事长、执行院长
黄金枝	哈尔滨工程大学经济管理学院副教授
黄海啸	山东大学经济学院副教授，山东大学教育强国研究中心主任
曹振杰	温州商学院副教授
雪　漠	甘肃省作家协会副主席
阎继红	山西省老字号协会会长，太原六味斋实业有限公司董事长
梁　刚	北京邮电大学数字媒体与设计艺术学院副教授
程少川	西安交通大学管理学院副教授
谢佩洪	上海对外经贸大学学位评定委员会副主席，南泰品牌发展研究院首任执行院长、教授
谢泽辉	广东铁杆中医健康管理有限公司总裁
谢振芳	太原城市职业技术学院教授
蔡长运	福建林业技术学院教师，高级工程师
黎红雷	中山大学教授，全国新儒商团体联席会议秘书长
颜世富	上海交通大学东方管理研究中心主任

总编辑： 陈　静
副总编： 王仕斌
编　辑：（按姓氏笔画排序）
于湘怡　尤　颖　田　天　耳海燕　刘玉双　李雪松　杨慧芳
宋可力　张　丽　张　羿　张宝珠　陈　戈　赵喜勤　侯春霞
徐金凤　黄　爽　蒋舒娟　韩天放　解智龙

序 一

以中华优秀传统文化为源　启中国式现代管理新篇

中华优秀传统文化形成于中华民族漫长的历史发展过程中，不断被创造和丰富，不断推陈出新、与时俱进，成为滋养中国式现代化的不竭营养。它包含的丰富哲学思想、价值观念、艺术情趣和科学智慧，是中华民族的宝贵精神矿藏。党的十八大以来，以习近平同志为核心的党中央高度重视中华优秀传统文化的创造性转化和创新性发展。习近平总书记指出"中华优秀传统文化是中华民族的精神命脉，是涵养社会主义核心价值观的重要源泉，也是我们在世界文化激荡中站稳脚跟的坚实根基"。

管理既是人类的一项基本实践活动，也是一个理论研究领域。随着社会的发展，管理在各个领域变得越来越重要。从个体管理到组织管理，从经济管理到政务管理，从作坊管理到企业管理，管理不断被赋予新的意义和充实新的内容。而在历史进程中，一个国家的文化将不可避免地对管理产生巨大的影响，可以说，每一个重要时期的管理方式无不带有深深的文化印记。随着中国步入新时代，在管理领域实施中华优秀传统文化的创造性转化和创新性发展，已经成为一项应用面广、需求量大、题材丰富、潜力巨大的工作，在一些重要领域可能产生重大的理论突破和丰硕的实践成果。

第一，中华优秀传统文化中蕴含着丰富的管理思想。 中华优秀传统文化源远流长、博大精深，在管理方面有着极为丰富的内涵等待提炼和转化。比如，儒家倡导"仁政"思想，强调执政者要以仁爱之心实施管理，尤其要注重道德感化与人文关怀。借助这种理念改善企业管理，将会推进构建和谐的组织人际关系，提升员工的忠诚度，增强其归属感。又如，道家的"无为而治"理念延伸到今天的企业管理之中，就是倡导顺应客观规律，避免过度干预，使组织在一种相对宽松自由的环境中实现自我调节与发展，管理者与员工可各安其位、各司其职，充分发挥个体的创造力。再如，法家的"法治"观念启示企业管理要建立健全规章制度，以严谨的体制机制确保组织运行的有序性与规范性，做到赏罚分明，激励员工积极进取。可以明确，中华优秀传统文化为现代管理提供了多元的探索视角与深厚的理论基石。

第二，现代管理越来越重视文化的功能和作用。 现代管理是在人类社会工业化进程中产生并发展的科学工具，对人类经济社会发展起到了至关重要的推进作用。自近代西方工业革命前后，现代管理理念与方法不断创造革新，在推动企业从传统的小作坊模式向大规模、高效率的现代化企业，进而向数字化企业转型的过程中，文化的作用被空前强调，由此衍生的企业使命、愿景、价值观成为企业发展最为强劲的内生动力。以文化引导的科学管理，要求不仅要有合理的组织架构设计、生产流程优化等手段，而且要有周密的人力资源规划、奖惩激励机制等方法，这都极大地增强了员工在企业中的归属感并促进员工发挥能动作用，在创造更多的经济价值的同时体现重要的社会价值。以人为本的现代管理之所以在推动产业升级、促进经济增长、提升国际竞争力等方面须臾不可缺少，是因为其体现出企业的使命不仅是获取利润，更要注重社会责任与可持续发展，在环境保护、社会公平等方面发挥积极影响力，推动人类社会向着更加文明、和谐、包容、可持续的方向迈进。今天，管理又面临数字技术的挑战，更加需要更多元的思想基础和文化资源的支持。

第三，中华优秀传统文化与现代管理结合研究具有极强的必要性。随着全球经济一体化进程的加速，文化多元化背景下的管理面临着前所未有的挑战与机遇。一方面，现代管理理论多源于西方，在应用于本土企业与组织时，往往会出现"水土不服"的现象，难以充分契合中国员工与生俱来的文化背景与社会心理。中华优秀传统文化所蕴含的价值观、思维方式与行为准则能够为现代管理面对中国员工时提供本土化的解决方案，使其更具适应性与生命力。另一方面，中华优秀传统文化因其指导性、亲和性、教化性而能够在现代企业中找到新的传承与发展路径，其与现代管理的结合能够为经济与社会注入新的活力，从而实现优秀传统文化在企业管理实践中的创造性转化和创新性发展。这种结合不仅有助于提升中国企业与组织的管理水平，增强文化自信，还能够为世界管理理论贡献独特的中国智慧与中国方案，促进不同文化的交流互鉴与共同发展。

近年来，中国企业在钢铁、建材、石化、高铁、电子、航空航天、新能源汽车等领域通过锻长板、补短板、强弱项，大步迈向全球产业链和价值链的中高端，成果显著。中国企业取得的每一个成就、每一项进步，离不开中国特色现代管理思想、理论、知识、方法的应用与创新。中国特色的现代管理既有"洋为中用"的丰富内容，也与中华优秀传统文化的"古为今用"密不可分。

"中华优秀传统文化与现代管理融合"丛书（以下简称"丛书"）正是在这一时代背景下应运而生的，旨在为中华优秀传统文化与现代管理的深度融合探寻路径、总结经验、提供借鉴，为推动中国特色现代管理事业贡献智慧与力量。

"丛书"汇聚了中国传统文化学者和实践专家双方的力量，尝试从现代管理领域常见、常用的知识、概念角度细分开来，在每个现代管理细分领域，回望追溯中华优秀传统文化中的对应领域，重在通过有强大生命力的思想和智慧精华，以"古今融会贯通"的方式，进行深入研究、探索，以期推出对我国现代管理有更强滋养力和更高使用价值的系列成果。

文化学者的治学之道，往往是深入研究经典文献，挖掘其中蕴含的智慧，并对其进行系统性的整理与理论升华。据此形成的中华优秀传统文化为现代管理提供了深厚的文化底蕴与理论支撑。研究者从浩瀚典籍中梳理出优秀传统文化在不同历史时期的管理实践案例，分析其成功经验与失败教训，为现代管理提供了宝贵的历史借鉴。

实践专家则将传统文化理念应用于实际管理工作中，通过在企业或组织内部开展文化建设、管理模式创新等实践活动，检验传统文化在现代管理中的可行性与有效性，并根据实践反馈不断调整与完善应用方法。他们从企业或组织运营的微观层面出发，为传统文化与现代管理的结合提供了丰富的实践经验与现实案例，使传统文化在现代管理中的应用更具操作性与针对性。

"丛书"涵盖了从传统文化与现代管理理论研究到不同行业、不同

序 一

领域应用实践案例分析等多方面内容，形成了一套较为完整的知识体系。"丛书"不仅是研究成果的结晶，更可看作传播中华优秀传统文化与现代管理理念的重要尝试。还可以将"丛书"看作一座丰富的知识宝库，它全方位、多层次地为广大读者提供了中华优秀传统文化在现代管理中应用与发展的工具包。

可以毫不夸张地说，每一本图书都凝聚着作者的智慧与心血，或是对某一传统管理思想在现代管理语境下的创新性解读，或是对某一行业或领域运用优秀传统文化提升管理效能的深度探索，或是对传统文化与现代管理融合实践中成功案例与经验教训的详细总结。"丛书"通过文字的力量，将传统文化的魅力与现代管理的智慧传递给广大读者。

在未来的发展征程中，我们将持续深入推进中华优秀传统文化在现代管理中的创造性转化和创新性发展工作。我们坚信，在全社会的共同努力下，中华优秀传统文化必将在现代管理的广阔舞台上绽放出更加绚丽多彩的光芒。在中华优秀传统文化与现代管理融合发展的道路上砥砺前行，为实现中华民族伟大复兴的中国梦做出更大的贡献！

是为序。

朱宏任

中国企业联合会、中国企业家协会

党委书记、常务副会长兼秘书长

序 二

/

文化传承　任重道远

财政部国资预算项目"中华优秀传统文化在现代管理中的创造性转化与创新性发展工程"系列成果——"中华优秀传统文化与现代管理融合"丛书和读者见面了。

一

这是一组可贵的成果，也是一组不够完美的成果。

说她可贵，因为这是大力弘扬中华优秀传统文化（以下简称优秀文化）、提升文化自信、"振民育德"的工作成果。

说她可贵，因为这套丛书汇集了国内该领域一批优秀专家学者的优秀研究成果和一批真心践行优秀文化的企业和社会机构的卓有成效的经验。

说她可贵，因为这套成果是近年来传统文化与现代管理有效融合的规模最大的成果之一。

说她可贵，还因为这个项目得到了财政部、国务院国资委、中国企业联合会等部门的宝贵指导和支持，得到了许多专家学者、企业家等朋友的无私帮助。

说她不够完美，因为学习践行传承发展优秀文化永无止境、永远在进步完善的路上，正如王阳明所讲"善无尽""未有止"。

说她不够完美，因为优秀文化在现代管理的创造性转化与创新性发展中，还需要更多的研究专家、社会力量投入其中。

说她不够完美，还因为在践行优秀文化过程中，很多单位尚处于摸索阶段，且需要更多真心践行优秀文化的个人和组织。

当然，项目结项时间紧、任务重，也是一个逆向推动的因素。

二

2022年，在征求多位管理专家和管理者意见的基础上，我们根据有关文件精神和要求，成立专门领导小组，认真准备，申报国资预算项目"中华优秀传统文化在现代管理中的创造性转化与创新性发展工程"。经过严格的评审筛选，我们荣幸地获准承担该项目的总运作任务。之后，我们就紧锣密鼓地开始了调研工作，走访研究机构和专家，考察践行优秀文化的企业和社会机构，寻找适合承担子项目的专家学者和实践单位。

最初我们的计划是，该项目分成"管理自己""管理他人""管理事务""实践案例"几部分，共由60多个子项目组成；且主要由专家学者的研究成果专著组成，再加上几个实践案例。但是，在调研的初期，我们发现一些新情况，于是基于客观现实，适时做出了调整。

第一，我们知道做好该项目的工作难度，因为我们预想，在优秀文

序 二

化和现代管理两个领域都有较深造诣并能融会贯通的专家学者不够多。在调研过程中，我们很快发现，实际上这样的专家学者比我们预想的更少。与此同时，我们在广东等地考察调研过程中，发现有一批真心践行优秀文化的企业和社会机构。经过慎重研究，我们决定适当提高践行案例比重，研究专著占比适当降低，但绝对数不一定减少，必要时可加大自有资金投入，支持更多优秀项目。

第二，对于子项目的具体设置，我们不执着于最初的设想，固定甚至限制在一些话题里，而是根据实际"供给方"和"需求方"情况，实事求是地做必要的调整，旨在吸引更多优秀专家、践行者参与项目，支持更多优秀文化与现代管理融合的优秀成果研发和实践案例创作的出版宣传，以利于文化传承发展。

第三，开始阶段，我们主要以推荐的方式选择承担子项目的专家、企业和社会机构。运作一段时间后，考虑到这个项目的重要性和影响力，我们觉得应该面向全社会吸纳优秀专家和机构参与这个项目。在请示有关方面同意后，我们于2023年9月开始公开征集研究人员、研究成果和实践案例，并得到了广泛响应，许多人主动申请参与承担子项目。

三

这个项目从开始就注重社会效益，我们按照有关文件精神，对子项目研发创作提出了不同于一般研究课题的建议，形成了这个项目自身的特点。

（一）重视情怀与担当

我们很重视参与项目的专家和机构在弘扬优秀文化方面的情怀和担当，比如，要求子项目承担人"发心要正，导人向善""充分体现优秀文化'优秀'二字内涵，对传统文化去粗取精、去伪存真"等。这一点与通常的课题项目有明显不同。

（二）子项目内容覆盖面广

一是众多专家学者从不同角度将优秀文化与现代管理有机融合。二是在确保质量的前提下，充分考虑到子项目的代表性和示范效果，聚合了企业、学校、社区、医院、培训机构及有地方政府背景的机构；其他还有民间传统智慧等内容。

（三）研究范式和叙述方式的创新

我们提倡"选择现代管理的一个领域，把与此密切相关的优秀文化高度融合、打成一片，再以现代人喜闻乐见的形式，与选择的现代管理领域实现融会贯通"，在传统文化方面不局限于某人、某家某派、某经典，以避免顾此失彼、支离散乱。尽管在研究范式创新方面的实际效果还不够理想，有的专家甚至不习惯突破既有的研究范式和纯学术叙述方式，但还是有很多子项目在一定程度上实现了研究范式和叙述方式的创新。另外，在创作形式上，我们尽量发挥创作者的才华智慧，不做形式上的硬性要求，不因形式伤害内容。

（四）强调本体意识

"本体观"是中华优秀传统文化的重要标志，相当于王阳明强调的"宗旨"和"头脑"。两千多年来，特别是近现代以来，很多学者在认知优秀文化方面往往失其本体，多在细枝末节上下功夫；于是，著述虽多，有的却如王阳明讲的"不明其本，而徒事其末"。这次很多子项目内容在优秀文化端本清源和体用一源方面有了宝贵的探索。

（五）实践丰富，案例创新

案例部分加强了践行优秀文化带来的生动事例和感人故事，给人以触动和启示。比如，有的地方践行优秀文化后，离婚率、刑事案件大幅度下降；有家房地产开发商，在企业最困难的时候，仍将大部分现金支付给建筑商，说"他们更难"；有的企业上新项目时，首先问的是"这个项目有没有公害？""符不符合国家发展大势？""能不能切实帮到一批人？"；有家民营职业学校，以前不少学生素质不高，后来他们以优秀文化教化学生，收到良好效果，学生素质明显提高，有的家长流着眼泪跟校长道谢："感谢学校救了我们全家！"；等等。

四

调研考察过程也是我们学习总结反省的过程。通过调研，我们学到了许多书本中学不到的东西，收获了满满的启发和感动。同时，我们发现，在学习阐释践行优秀文化上，有些基本问题还需要进一步厘清和重视。试举几点：

（一）"小学"与"大学"

这里的"小学"指的是传统意义上的文字学、音韵学、训诂学等，而"大学"是指"大学之道在明明德"的大学。现在，不少学者特别是文史哲背景的学者，在"小学"范畴苦苦用功，做出了很多学术成果，还需要在"大学"修身悟本上下功夫。陆九渊说："读书固不可不晓文义，然只以晓文义为是，只是儿童之学，须看意旨所在。"又说"血脉不明，沉溺章句何益？"

（二）王道与霸道

霸道更契合现代竞争理念，所以更为今人所看重。商学领域的很多人都偏爱霸道，认为王道是慢功夫、不现实，霸道更功利、见效快。孟子说："仲尼之徒无道桓、文之事者。"（桓、文指的是齐桓公和晋文公，春秋著名两霸）王阳明更说这是"孔门家法"。对于王道和霸道，王阳明在其"拔本塞源论"中有专门论述："三代之衰，王道熄而霸术焻……霸者之徒，窃取先王之近似者，假之于外，以内济其私己之欲，天下靡然而宗之，圣人之道遂以芜塞。相仿相效，日求所以富强之说，倾诈之谋，攻伐之计……既其久也，斗争劫夺，不胜其祸……而霸术亦有所不能行矣。"

其实，霸道思想在工业化以来的西方思想家和学者论著中体现得很多。虽然工业化确实给人类带来了福祉，但是也带来了许多不良后果。联合国《未来契约》（2024年）中指出："我们面临日益严峻、关乎存亡的灾难性风险"。

（三）小人儒与君子儒

在"小人儒与君子儒"方面，其实还是一个是否明白优秀文化的本体问题。陆九渊说："古之所谓小人儒者，亦不过依据末节细行以自律"，而君子儒简单来说是"修身上达"。现在很多真心践行优秀文化的个人和单位做得很好，但也有些人和机构，日常所做不少都还停留在小人儒层面。这些当然非常重要，因为我们在这方面严重缺课，需要好好补课，但是不能局限于或满足于小人儒，要时刻也不能忘了行"君子儒"。不可把小人儒当作优秀文化的究竟内涵，这样会误己误人。

（四）以财发身与以身发财

《大学》讲："仁者以财发身，不仁者以身发财"。以财发身的目的是修身做人，以身发财的目的是逐利。我们看到有的身家亿万的人活得很辛苦、焦虑不安，这在一定意义上讲就是以身发财。我们在调查过程中也发现有的企业家通过学习践行优秀文化，从办企业"焦虑多""压力大"到办企业"有欢喜心"。王阳明说："常快活便是功夫。""有欢喜心"的企业往往员工满足感、幸福感更强，事业也更顺利，因为他们不再贪婪自私甚至损人利己，而是充满善念和爱心，更符合天理，所谓"得道者多助"。

（五）喻义与喻利

子曰："君子喻于义，小人喻于利"。义利关系在传统文化中是一个很重要的话题，也是优秀文化与现代管理融合绕不开的话题。前面讲到的那家开发商，在企业困难的时候，仍坚持把大部分现金支付给建筑商，他们收获的是"做好事，好事来"。相反，在文化传承中，有的机构打着"文化搭台经济唱戏"的幌子，利用人们学习优秀文化的热情，搞媚俗的文化活动赚钱，歪曲了优秀文化的内涵和价值，影响很坏。我们发现，在义利观方面，一是很多情况下把义和利当作对立的两个方面；二是对义利观的认知似乎每况愈下，特别是在西方近代资本主义精神和人性恶假设背景下，对人性恶的利用和鼓励（所谓"私恶即公利"），出现了太多的重利轻义、危害社会的行为，以致产生了联合国《未来契约》中"可持续发展目标的实现岌岌可危"的情况。人类只有树立正确的义利观，才能共同构建人类命运共同体。

（六）笃行与空谈

党的十八大以来，党中央坚持把文化建设摆在治国理政突出位置，全国上下掀起了弘扬中华优秀传统文化的热潮，文化建设在正本清源、守正创新中取得了历史性成就。在大好形势下，有一些个人和机构在真心学习践行优秀文化方面存在不足，他们往往只停留在口头说教、走过场、做表面文章，缺乏真心真实笃行。他们这么做，是对群众学习传承优秀文化的误导，影响不好。

五

文化关乎国本、国运，是一个国家、一个民族发展中最基本、最深沉、最持久的力量。

中华文明源远流长，中华文化博大精深。弘扬中华优秀传统文化任重道远。

"中华优秀传统文化与现代管理融合"丛书的出版，不仅凝聚了子项目承担者的优秀研究成果和实践经验，同事们也付出了很大努力。我们在项目组织运作和编辑出版工作中，仍会存在这样那样的缺点和不足。成绩是我们进一步做好工作的动力，不足是我们今后努力的潜力。真诚期待广大专家学者、企业家、管理者、读者，对我们的工作提出批评指正，帮助我们改进、成长。

企业管理出版社国资预算项目领导小组

前　　言

职业素养：揭开职业的本质 解锁成长的钥匙

　　《道德经》中的"人法地，地法天，天法道，道法自然"，强调顺应自然规律的重要性。对于职场人而言，意味着其在处理有关职业事务时，应遵循职业发展的内在规律，尊重职业的本质和特点。在追求职业成功的同时，注重人的尊严和价值，避免过度追求利益而忽视人的需求。

　　《大学》中的"自天子以至于庶人，一是皆以修身为本"，强调无论从事何种职业，修身都是根本。只有不断提升自己的品德和素养，才能更好地履行职业所赋予的崇高使命。以修身之德驾驭职业之途，方能成就非凡之事。

　　《道德经》中的"致虚极，守静笃。万物并作，吾以观复"，表明在职业素养方面，管理者应该在现代纷繁复杂的管理环境中保持内心的宁静与空灵，能以虚静之心去洞察事物的本质与规律，不被表象所迷惑，冷静地分析管理中出现的各种问题和变化，从而做出更为明智、客观的决策，避免盲目冲动行事，以便培养沉稳、理性的职业素养与领导风范。

2023年6月2日，习近平总书记在文化传承发展座谈会上提出"建设中华民族现代文明"的重大时代课题，并指出"在新的起点上继续推动文化繁荣、建设文化强国、建设中华民族现代文明，是我们在新时代新的文化使命"。

改革开放以来，我国涌现了一大批如华为、海尔、腾讯、阿里巴巴、京东、美的、格力等优秀的企业，在中华优秀传统文化的影响下，他们形成了自己独特的企业文化和管理模式。同时，在其独特的企业文化和管理模式中，中华优秀传统文化又为职场人的职业素质积极赋能。《职业素养的传统文化智慧》将从"'我'与世界的关系——'我'的局限性——个人在职业中修习自己——达到'你我和谐共生、自利利他'的圆满境界——创造人类健康的生态系统"这样闭环的思维模式，达成"职业素养＝自我成长"的目标。帮助职场人摒弃旧有思维模式，置换职场人的原有角色，即从"我为企业工作"转换为"工作为我的成长赋能"，重新规划自我成长的职业路径，优秀"自我"无觅处，只缘就在职业实践中。职场人在职业实践过程中不断地提升自我和认知自我，从全新的角度实现每一层级的突破。本书设计的主要逻辑思维框架如图1所示。

根据逻辑思维框架设计本书内容，主要梳理了18条职业素养，具体内容如下。

第1条 《道德经》中云："道之尊，德之贵，夫莫之命而常自然。"职业选择应当顺应自己的兴趣、才能和天性，选择最适合自己的职业，而非盲目追求名利或外界认可；职业选择也应顺应自然规律，避免那些对环境、社会造成破坏性的工作。

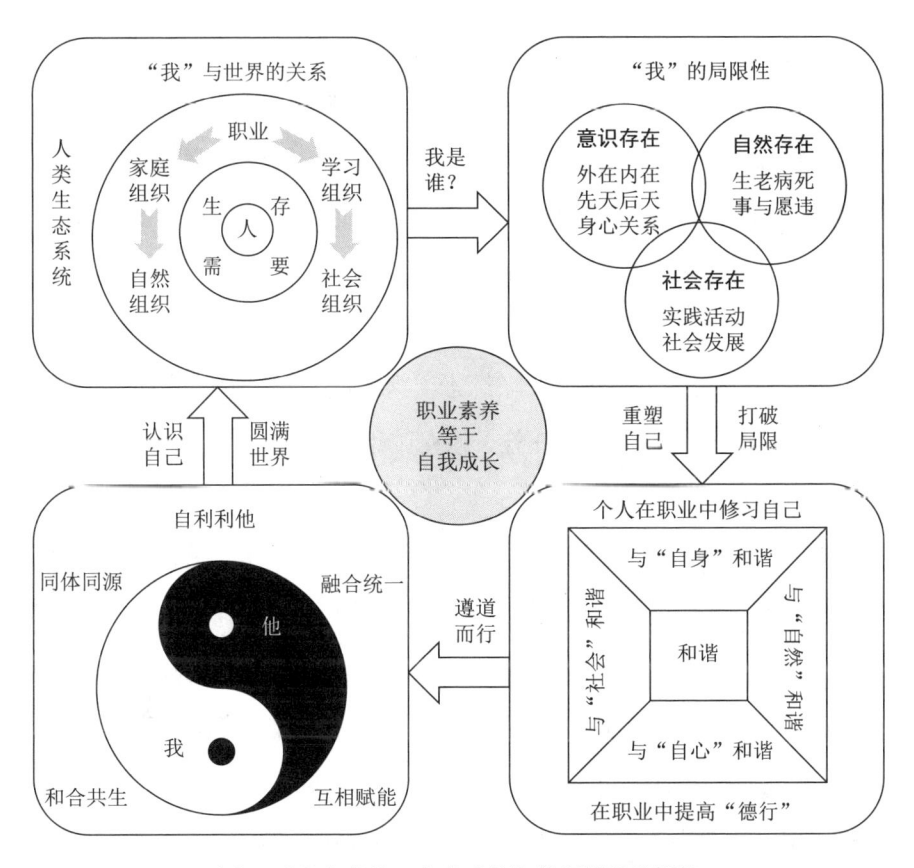

图1 "职业素养 = 自我成长"的逻辑思维框架

第2条 《道德经》中云:"大道甚夷,而民好径。"选择职业时,求职者应追求那些简单、纯粹且能够带来内心满足的工作,而非盲目追求职位高或薪酬多的工作。

第3条 《道德经》中云:"反者道之动,弱者道之用。"其意指事物发展到一定程度会向相反方向转化。选择那些对自然、社会有害的职业,可能在短期内带来收益,但最终会面临资源枯竭、环境恶化、社会舆论谴责等问题,导致事业的衰败。

第4条　诚意正心，意味着职场人必须以真诚、纯粹的态度去面对学习。只有真诚地认识到自身知识的不足，才能激发内心深处对新知识、新技能的渴望。面对不断涌现的新技术、新观念，职场人要以开放的心态去接纳。不带有偏见，不故步自封，而是积极地去探索、去尝试。真诚的学习之心会促使职场人主动追寻知识的源头，深入理解其本质和内涵。

第5条　《道德经》所云："上德不德，是以有德；下德不失德，是以无德。"这句话提醒职场人，在工作中不刻意追求表面的荣誉和夸赞，而是踏踏实实地做好每一项任务，以真诚和负责的态度对待工作，便是一种真正的德行。

第6条　《论语》中的"君子矜而不争，群而不党"教导职场人既不过分争强好胜，也不随波逐流，应以理性的态度分析问题，做出恰当的决策和行动，从而实现工作的顺利推进与自身的稳健成长。

第7条　"邦畿千里，维民所止"，出自《诗经·商颂·玄鸟》。职场人应该始终将人民的福祉作为自己奋斗的目标。无论是在何种领域、何种岗位，都要心系人民，以人民的需求为导向，努力创造更多的价值。

第8条　《孟子》中所讲的"我善养吾浩然之气"，让职场人面对职业道路上的种种艰难险阻时，能够保持坚定的信念与强大的勇气。

第9条　《论语》中的"君子和而不同，小人同而不和"，其深刻揭示了君子与小人在为人处世方面的本质区别。君子能够尊重他人的独特性，追求和谐共处但不盲目附和；而小人往往只追求表面的一致，内心却充满矛盾与冲突。

第10条　《道德经》中云："善者善之；不善者亦善之，德善。信者信之；不信者亦信之，德信。"告诉职场人，在职业领域中，要有包容一切的胸怀和一视同仁的态度。对于那些表现出色、能力卓越的同事，职场人要给予充分的肯定和支持，因为他们是团队的中流砥柱，能为团队带来显著的价值；而对于那些可能存在一些问题的同事，不能排斥或歧视，相反，要以宽容的心态和理解的态度去帮助他们解决问题。

第11条 《道德经》提出的"致虚极，守静笃"为职场人提供应对良方。这一理念旨在促使个体内心达至空灵纯净、沉静笃定境界，以此穿透表象、洞察事物本质。职场人应从职场管理策略优化、员工创造力激发，到应对职场纷争、涵养职业气度多维度发力，深度融入现代职场生态。

第12条 《大学》提到"生财有大道，生之者众，食之者寡，为之者疾，用之者舒，则财恒足矣"。这启示大家，人们通过从事各种职业活动来创造财富，只有合理规划职业生涯和积极努力工作，才能确保其有足够的物质基础来支撑生活。

第13条 《论语》中言："君子谋道不谋食。耕也，馁在其中矣；学也，禄在其中矣。君子忧道不忧贫。"体现了对于追求真正的"道"，即事业成就的重视，而不仅是满足于物质的获取。一个人若能专注于自己的职业，将其视为追求真理与价值的途径，便有可能实现更高层次的成就。

第14条 《孟子》中云："天将降大任于斯人也，必先苦其心志，劳其筋骨，饿其体肤，空乏其身，行拂乱其所为，所以动心忍性，曾益其所不能。"在奋斗事业的道路上，职场人必然经历某些艰难困苦，但正是这些磨砺，塑造了职场人的能力与品格，为其成就伟大事业奠定基础。每一个挑战都是成长的机遇，每一次坚持都是迈向成功的坚实步伐。

第15条 《后汉书·皇后纪上·章德窦皇后》载:"后性敏给,倾心承接,称誉日闻。"倾心,指的是尽心、诚心诚意。职场人尽心、真心,像爱人一样对待自己的职业,在从事的职业中激扬生命,点燃生命之火,极大地挖掘和发挥生命的潜力,在从事职业的过程中创造独一无二的、无与伦比的人生价值。

第16条 《中庸》中提到的"成己,仁也;成物,知也",这句话虽然直接讨论的是成就自己与成就他人的关系,但其中蕴含的"成己"理念,即完善自我、发挥个人潜能,通过工作去充实自己的人生,也可视为一种"成己"的过程。

第17条 《大学》有曰:"格物、致知、诚意、正心、修身、齐家、治国、平天下。"工作场所便是职场人格物、致知的重要场域,通过在职业活动中探索与实践,不断提升自我认知,培养真诚的态度和正直的内心。当职场人将个人的修养与职业发展相结合,便能为社会做出贡献,成就伟大的事业。

第18条 《孟子》中云:"穷则独善其身,达则兼济天下。"当职场人处于不同的职业阶段和境遇时,都有着相应的使命。在自身发展受限之时,要专注于自我能力的提升和完善;而当有能力时,则要心怀天下,通过自身职业的影响力去帮助和造福更多的人,让其成为践行社会责任的重要途径。

目　录

第一篇　职业的自然发展观　1

第一章　职业素养的内涵与发展现状　3
第一节　职业素养的概念与内涵　3
第二节　职业素养的危机与挑战　5

第二章　职业的自然发展规律　11
第一节　职业选择要遵道而行　11
第二节　职业素养要依德而行　16

第三章　传统文化智慧赋能职业素养　26
第一节　传统文化智慧经典　26
第二节　传统文化赋能职业素养　42

第二篇　职业的社会发展价值观　51

第四章　职业与社会结构　53
第一节　职业的形成与分类　53
第二节　职业对社会结构的塑造　60

第五章　职业是推动社会进步的力量　65
第一节　科技创新与职业发展　65
第二节　经济增长与职业发展　68
第三节　文化传承与职业使命　72

第六章　职业的社会责任与伦理 77
第一节　职业对社会协同发展的作用 77
第二节　职业对社会可持续发展的作用 80
第三节　职业伦理对社会生态健康的作用 84

第三篇　职业的个人成长人生观 89

第七章　职业认知的三个层次 91
第一节　将职业作为谋生的手段 91
第二节　将职业作为成就的事业 93
第三节　将职业作为崇高的使命 95

第八章　个人成长与职业的关系 101
第一节　在实践中才能实现成长 101
第二节　在职业行动中认识自己 106
第三节　职业理想与人生境界 110

第四篇　管理实践中的职业素养 115

第九章　在管理实践中提升自我信念能力 117
第一节　信念力的构成 117
第二节　信念之三纲八目 124
第三节　提升信念的路径 127

第十章　在管理实践中提升人本能力 133
第一节　人本能力的理解 133
第二节　提升人本能力的路径 137

第十一章　在管理实践中提升自我激励能力　143
第一节　自我激励能力培养　143
第二节　自我激励策略探索　146
第三节　自我激励实施路径　150

第十二章　在管理实践中提升沟通能力　155
第一节　会沟通所具备的条件　155
第二节　沟通的本质与步骤　158
第三节　职业行动中提升沟通能力　164

第十三章　在管理实践中提升团队合作能力　168
第一节　职场是培养团队合作的土壤　168
第二节　在团队合作中提升个人素养　175

第十四章　在管理实践中提升自我创新能力　180
第一节　职业的发展性质具有创新性　180
第二节　在职业发展中提升个人创新能力　184

第十五章　在管理实践中提升自我应变能力　191
第一节　职业运行特点具有应激性　191
第二节　在职业跌宕中提升个人应变力　193

参考文献　199

第一篇
职业的自然发展观

第一章

职业素养的内涵与发展现状

第一节　职业素养的概念与内涵

关于职业素养概念与内涵的理论研究不多，大部分文献都是针对职业教育领域提出职业素养问题。但是，从广义上来说，职业素养涵盖每一个职业领域，特别是在当前互联网信息技术迅猛发展的背景下，更应该拓展职业素养的概念与内涵，如高校教师的职业素养问题、医疗领域的职业素养问题和人工智能（AI）领域的职业素养问题等。本书针对职业素养的概念与内涵给出如下的界定。

一、职业素养的概念

职业素养是指从业者在职业活动过程中所表现出来的一种综合品质，涵盖各行业领域从业者的职业道德、职业技能、职业行为、职业作风及职业意识等方面。这种素养是从业者在职业活动中所应具备的基本条件和要求，不仅体现从业者的专业能力，更彰显其职业精神与态度。

二、职业素养的内涵

职业素养的内涵包含各个领域的职场人的各种意识与行为，包括职业道德、职业技能、职业行为、职业作风及职业意识等。职业道德是指符合职业准则的行为表现，如诚实守信、尊重他人、保护用户隐私等，是职业素养的道德基石；职业技能是指特定职业领域所需的工作能力，包括专业知识、实践经验和解决问题的能力；职业行为是指在工作中人们所表现出的行为，如遵守规章制度、高效决策、积极合作等；职业作风是职场人对待工作的态度和方式，体现在严谨细致、勤奋敬业、勇于创新等方面；职业意识是职场人对职业的认同感和责任感，以及对未来职业发展的规划和追求。

三、人工智能背景下职业素养的拓展内涵

在人工智能时代背景下，职业素养内涵得到进一步的丰富和拓展，具体如下。

1. 信息化素养

随着人工智能技术的广泛应用，职场人员需要具备较高的信息化素养，包括数据处理、信息分析和数字化沟通等能力，以适应信息化社会的发展需求。

2. 持续学习与创新能力

人工智能技术日新月异，职场人员需要具备持续学习和创新的能力，不断更新自己的知识和提升技能，以适应技术的快速发展。

3. 跨学科知识与实践能力

在人工智能时代，职场人员需要具备跨学科的知识和实践能力，如计算机科学、数据科学、统计学等，以提升解决复杂问题的能力。

4. 团队协作与沟通能力

人工智能技术往往需要跨学科、跨领域的合作，职场人员需要具备良好的团队协作和沟通能力，以实现高效地推进项目和解决问题的目标。

5.伦理道德与责任意识

在人工智能技术的研发和应用过程中，职场人员需要坚守伦理道德规范，保护用户隐私和数据安全，承担起相应的社会责任。

第二节 职业素养的危机与挑战

随着互联网信息技术的迅猛发展，职业环境和工作方式发生了深刻变革。在这样的背景下，互联网信息技术与各行业相结合，职业岗位呈现出新的特征和要求，同时职业素养也已成为衡量一个人工作能力、工作态度和工作品质的重要标准。因此，职场人不仅面对更高的职业素养要求，还面临诸多挑战，具体如下。

一、职场文化与适应能力的冲突

随着企业规模的扩大和国际化程度的提高，职场文化呈现出多样化的特点。不同企业、不同地域、不同国家的职场文化有所差异，职场人员要具备较高的适应能力和文化敏感性。在多元化职场中，融入团队、与同事和谐相处，是现代职业素养的重要体现。例如，西方文化强调个人主义和直接表达，而东方文化可能更注重集体主义和含蓄委婉的表达，导致在一些跨国企业中合作容易产生误解和矛盾。互联网的发展使得远程办公和跨地域团队合作成为常态。不同地区的职场文化差异进一步凸显。比如，有些地区注重工作流程的严格与规范，而有些地区可能更倾向于灵活与创新，当团队成员来自这些不同文化背景的地区时，在决策过程和项目执行上就容易产生分歧。

面对多元职场文化，员工需要快速适应和调整自己的思维模式和行为方式。然而,并不是每个人都能轻松做到这一点。有的人可能因为习惯自己熟悉的文化模式而难以融入新的文化环境,表现出排斥或抵触情绪。在一些企业中,年轻一代员工的文化观念与老一辈员工存在差异。年轻员工可能更追求工作与生活的平衡,强调个性和自我实现,而老一辈员工可能更注重工作的稳定性和传统的职业发展路径,这种差异可能导致沟通和合作上的障碍。例如,在一家技术公司,新入职的年轻员工提出一些新颖的工作方式和理念,但遭到一些资深员工的怀疑和反对,因为他们难以适应这种新的文化和思维方式。一些新兴行业可能更鼓励创新和冒险,而传统行业可能更注重规则和秩序。当人员在不同行业间流动时,也会面临适应不同文化的压力和挑战。面对这些冲突,企业和员工都需要积极应对,并努力寻求解决之道,以实现职场的和谐发展和个人的职业成长。

二、职业信念与伦理道德风险加大

职业信念与伦理道德是职业素养的核心。一名具备职业信念和道德的员工,会坚守自己的职业操守,遵守行业规范,诚实守信,对工作负责,对企业忠诚,为企业的长远发展贡献自己的力量。随着互联网信息技术的广泛应用,诸多伦理道德问题,如数据隐私保护、网络安全和算法偏见等,随之出现。职场人要有高度的道德责任感,确保技术的合理使用。随着商业环境的复杂化和利益冲突的加剧,职业道德成为现代职业素养的重要组成部分。职场人员需要具备高度的诚信意识、责任意识和法律意识,遵守职业道德规范,维护企业利益和形象。同时,还需要具备较强的自律能力和道德判断力,以应对各种道德考验。

职业精神与责任感是职业素养的重要体现。一名具备敬业精神和责任感的员工,会全身心地投入工作中,尽职尽责地完成自己的工作任务。一方面，他们懂得如何在工作中运用技术以发挥自己的最大价值，为企业的发展贡献自己的力量；另一方面，过快的技术更迭可能导致职场人无法充分理解新技术背后的伦理问题，从而在实践中产生道德风险。因此，职场人需要在追求技能更新的同时，加强对新技术伦理问题的研究和思考，确保技术的健康发展。在每一次产品更新或功能调整中，职场人都需要重新评估其是否符合伦理规范，是否会给用户和社会带来不良影响。同时，职场人也需要关注新技术或新功能带来的伦理风险和挑战，以便及时采取应对措施。

三、技术变革加速与职业竞争加剧

技术的飞速发展给现代职业素养带来巨大的挑战。新兴技术如人工智能、大数据、云计算等不断涌现，要求职场人员不断学习新技术、新知识，以适应工作需求。如果不能及时跟上技术变革的步伐，职场人员易在职场中失去竞争力。技术更新换代极快，像曾经热门的某些编程语言，如今已经逐渐被市场淘汰，而新的框架和工具如雨后春笋般涌现，职场人需要不断地学习已经成为一种常态。职场人要不断地学习新知识、新技能，提升自己的综合素质和竞争力，懂得在学习中保持谦逊和进取的态度，为自己的职业发展打下坚实的基础。

互联网信息技术与各行业具体业务结合紧密，从业者需要具备强烈的持续学习能力，紧跟技术发展的步伐，不断更新自己的知识体系。这种能力不仅体现在对新知识的快速掌握上，还包括对现有知识的不断更新和优化。在知识更新速度日益加快的背景下，终身学习成为现代职业素养的必备要求。职场人需要不断更新知识结构，提升专业技能，以适应不断变化的工作环境。同时，还需要具备良好的自主学习能力和创新精神，以应对未来职场的挑战。

四、需要高效沟通与协作能力

团队协作是现代职场中不可或缺的一种能力。一名具备高效沟通与协作能力的员工，能够清晰地表达自己的观点，倾听他人的意见，与他人协作完成工作任务，懂得如何在团队中发挥自己的优势，促进团队的合作和发展。团队合作和沟通能力至关重要。一方面，团队成员需要相互信任、尊重和理解，建立和谐的合作关系；另一方面，团队成员背景、文化和价值观的差异，可能导致沟通中产生误解和冲突。因此，职场人需要在团队合作中加强伦理意识的培养，遵循诚信、公正和负责的原则，确保团队合作的顺利进行。许多互联网项目需要不同专业背景的人员协同合作，工作人员要善于与他人沟通、协调，明确各自职责，发挥团队的最大效能。例如，在软件开发团队中，程序员、设计师、测试人员等需要密切配合。又如，一个智能医疗项目需要医生、工程师、数据分析师等不同专业背景的人员协作，若沟通不畅，如医生不能准确地表达需求，工程师不能理解医疗专业术语，就会导致项目进展缓慢、资源无法有效整合、效率低下等问题。

五、具备跨学科融合与积极创新的能力

随着互联网信息技术渗透到各个领域，单一学科的知识和方法往往难以全面应对职场中的复杂问题和挑战。比如，人工智能与医疗结合的项目，既需要计算机科学的算法和编程知识，也需要医学领域关于人体生理病理知识的深入理解，这种跨学科融合能推动更精准的医疗诊断和治疗方案的产生。积极创新能力则是在快速变化的环境中保持竞争力的关键。只有不断创新，企业才能开发出更具竞争力的产品和服务，探索新的商业模式和应用场景。例如，通过创新将互联网技术与传统教育模式融合，开创出在线教育的全新模式，打破时空限制，提升教育资源的

利用效率。再比如，在金融科技领域，跨学科融合了金融、计算机、统计学等知识，通过积极创新开发出新型的金融产品和服务，如数字支付、区块链金融等，重塑了金融行业的格局。总之，在互联网信息技术发展的浪潮中，跨学科融合与积极创新能力是推动各行业不断前进和发展的重要动力。

六、职场压力与心理素质的挑战

信息技术的不断迭代更新，行业变革的速度日益加快。职场人需要不断学习和掌握新的技能、知识和工具，以适应工作岗位不断提高的要求，这种持续学习的压力可能带给他们焦虑感和疲惫感——担心自己无法跟上时代的步伐而被淘汰。互联网信息技术的发展也带来了工作模式的巨大转变，远程办公、线上协作等工作方式已在某些企业中出现，这虽然使工作具备了一定的灵活性，但也模糊了工作与生活的界限，员工不得不时刻处于工作状态，难以真正放松和休息，长期处于紧张和高压之中。信息的快速传播和海量数据的涌现，使得职场人在工作中面临着信息过载的问题，他们需要从大量信息中筛选出有价值的内容，做出准确的决策，这无疑增加他们的心理负担。在竞争激烈的职场环境中，技术发展导致的岗位变动和调整也更为频繁，职场人随时面临岗位调整、裁员等风险，这给他们带来了不安全感和对未来的担忧。快节奏的工作和高压力的环境也对员工的心理素质提出更高的要求，他们需要具备更强的抗压能力、情绪调节能力和适应变化的能力。面对工作中的挫折和困难，要能够保持积极的心态，不轻易被负面情绪所左右，而在高强度的工作中，如何保持良好的心理状态和工作生活平衡，成为员工必须面对和解决的难题。

综上所述，现代职业素养面临多方面的危机与挑战。职场人员需要不断提升自身能力、拓宽视野、增强适应性,以应对未来职场的各种挑战。同时,还需要注重工作与生活的平衡、职业道德的培养以及心理素质的提升,为职业发展奠定坚实的基础。

第二章

职业的自然发展规律

第一节 职业选择要遵道而行

生而为人,"衣食住行"是需要解决的首要生存问题,但是人们不能为了生存而随心所欲地去做事,而要遵循自然发展之道,符合世界万物运行的发展规律。

一、职场人的职业选择

在道家文化中,"道"被视为宇宙间最本质、最普遍的规律。道家强调,万物皆遵循"道"的自然法则运行,无论个体还是社会,都应顺应"道"的自然法则行事。对于职业选择,人们同样需要遵道而行,即选择与自身天性、才能和社会需求相契合的职业方向,不仅考虑个人的利益与欲望,更要思考这一选择对自然、社会及他人可能产生的影响。

顺应自然,无为而治。《道德经》中指出"自然"的重要性,如"人法地,地法天,天法道,道法自然"。道家主张"无为而治",即不强求、不干预,顺应自然规律。《道德经》中云:"道之尊,德之贵,夫莫之命而常自然。"职业选择也应如此,顺应自己的兴趣、才能和天性,选择最适合自己的职业，而非盲目追求名利或外界认可；职业选择也应顺应自然规律，避免对环境、社会造成破坏性的工作。例如，过度开采资源、破坏生态平衡的工作就与"道法自然"相违背。同时，还应避免那些仅仅为了追求短期利益而忽视长远影响的职业。一些高污染、高排放的工业工作虽然短期内可能带来经济利益，但从长远看是对社会和环境的一种破坏。

老子在《道德经》中讲道："持而盈之，不如其已；揣而锐之，不可长保。金玉满堂，莫之能守；富贵而骄，自遗其咎。"说明要用适度、节制的方式对待物质和精神享受的问题。用此解读职业选择时可以从以下几个方面来理解。一是避免过度追求物质。选择职业时，人们不要仅因为某个职业可能带来巨额财富就盲目追求，要认识到即使"金玉满堂"你也未必能长久守住。不能只看到眼前的物质利益盈满，而忽视了其他重要因素，如职业与自身兴趣、价值观的契合度，工作的意义和对个人成长的帮助等。二是不刻意追求极致地位。不要一味地想要在职业中达到非常突出的地位。"揣而锐之"可能带来一时的风光，但这种状态难以长久保持，过度追求可能导致身心疲惫和人际关系紧张。三是保持谦逊与平和。即使在职业上取得一定成就，也不能骄傲自满。骄傲可能给自己招来不必要的麻烦和责难，要始终保持平和的心态，明白职业成就并非人生的全部。四是适度平衡。选择职业时，要考虑工作与生活的平衡，不能为了事业的某些方面而过度牺牲其他方面。需要找到一个适度的状态，既能够在职业中有所收获，又能兼顾精神生活的需求，不过度消耗自己。总之，选择职业时，要以一种更理性、更长远的眼光来看待职业，不被眼前短暂的物质和地位迷惑，把握好分寸和平衡，才能做出更适合自己且更可持续发展的职业选择。

道家认为最高的善就像水一样，水能滋养万物而不争，居人所厌之地而为众生所需要,这与职业选择中的社会责任感不谋而合。选择有益于社会、有益于自然的职业,不仅符合"上善若水"的精神,也是遵循"道"的表现。道家追求大道至简的生活态度,强调返璞归真的精神境界。《道德经》有云:"大道甚夷,而民好径。"选择职业时,人们应看重的是职业能够带来的简单、纯粹且能够满足内心的东西,而非盲目追求职位高低或薪酬多少。《道德经》中提到"反者道之动,弱者道之用",意指事物发展到一定程度会向相反方向转化。那些对自然、社会有害的职业,可能在短期内带来收益,但最终会面临资源枯竭、环境恶化、社会舆论谴责等问题,导致事业的衰败。

综上所述,职业选择要遵道而行,即职场人顺应自然规律,实现知行合一,保持谦逊平和的心态,追求简单纯粹的生活,如此才能真正实现个人价值与社会价值的和谐统一。这些道家思想为求职者的职业选择提供了宝贵的启示和指导。只有遵道而行,求职者才能找到真正适合自己的职业道路,实现个人价值与社会贡献的和谐统一。

二、创业者的职业选择

在创业选择的十字路口,创业者常常面临各种诱惑和挑战。《道德经》所倡导的"道"的理念,为创业者提供了一个重要的指导原则:遵道而行,与自然、社会和人和谐共生。创业者选择创业方向时,除了考虑商业利益和市场需求外,应站在更高的角度,思考自己的选择与自然、社会和人的关系。这样的创业选择不仅有助于个人的成长和发展,更能为自然、社会和他人带来正面影响。创业者选择创业方向时,应顺应自然规律,充分考虑自然环境的保护和生态的可持续发展,避免选择对自然环境造成破坏、过度消耗资源或产生大量污染的行业和项目,而是选择有助于环境保护、资源循环利用和生态修复的领域,推动绿色创业和可持续发展。这样的创业选择不仅是对自己负责,更是对地球和未来世代负责。

造福社会,承担责任。创业者的创业选择应旨在造福社会,而不是仅仅追求个人利益。选择创业方向时,创业者应选择能够为社会带来正面影响、推动社会进步的职业方向,考虑如何解决社会问题、满足社会需求,并为社会的繁荣和发展做出贡献。例如,未来社会进入老龄化,对于养老产业、大健康产业方面的选择就顺应了社会的需要。同时,创业者还应承担起社会责任,为社会做出贡献,避免企业行为给社会造成危害,关注企业的社会影响,确保自己的创业行为不会对社会造成负面影响。

尊重他人,保护人权。创业者选择创业方向时,应尊重他人的权益和尊严,避免选择侵犯人权、剥削劳工或损害消费者权益的项目,而是选择尊重员工、客户和合作伙伴的权益,推动公平、公正和包容的商业实践。

创业者创业时遵道而行,意味着要充分考虑自然、社会和他人的利益。选择有利于保护环境、造福社会和尊重众生的创业方向,不仅能够实现商业成功,更能体现创业者的道德责任和社会价值。这样的创业选择不仅符合《道德经》所强调的"道法自然""无为而治"等核心思想,也是创业者实现个人成长和事业发展的明智之举,以其智慧为指引,在创业选择的道路上走得更远、更稳、更和谐。

中国的悠久文化,历经岁月洗礼,许多传统和习俗已经遗失在历史的长河中,然而教育和中医如同两颗璀璨的明珠,在历史长河中熠熠生辉,流传至今。教育在中国文化中占据了举足轻重的地位。自古以来,中国人就深知教育的重要性,视其为传承文化、培养人才的关键。从孔子创立儒家学说,提出"有教无类"的平等教育理念,到后来的科举制度，都为中国社会培养了大量的人才。这种对教育的重视，使得中国文化能够代代相传，不断焕发新的活力。在中国历史上，许多古老的书院和中医药房经受住时间的考验，成为我们文化遗产的重要组成部分。

著名书院如应天府书院，又称应天学院，位于河南省商丘市睢阳区，是北宋最高学府，也是中国古代书院中唯一升级为国子监的书院（庆历三年，应天府书院改升为"南京国子监"），培养了大批人才，对古代教育产生了深远影响。岳麓书院，坐落于湖南省长沙市岳麓山脚下，历经千年，至今保存完好，是湖南高等学府的发源地，历史上培养了大量杰出人才。白鹿洞书院，位于江西省庐山脚下，拥有悠久的历史和优美的环境，是古代学子求学问道的理想之地。嵩阳书院，位于河南省郑州市登封市区北，是中国古代高级学府，也是宋代程朱理学的发源地之一，历史悠久，文化底蕴深厚。

"红顶商人"胡雪岩在战乱年代创业：一类是借助政商关系的"特殊"生意，如为政府采购军火、机器，筹措外资贷款等；另一类是"正常"生意，如开钱庄、设当铺、产生丝、建药局等。胡雪岩一生跌宕起伏，死前家业被抄，众多产业中仅有胡庆余堂留存于世。自1874年创始至今，胡庆余堂历经150多年，仍保留着当年的风貌，传承当年的规矩。胡雪岩独特的经营理念，是胡庆余堂传承百年的根本所在，除此之外，重要原因就是胡庆余堂符合自然发展之"道"，是为天下百姓健康而存在，故能长存。同样的中医药房还有鹤年堂和同仁堂。

第二节　职业素养要依德而行

当选择一份工作或者创业计划时，求职者或者创业者应以什么"心"对待这份职业或创业计划？他们希望在职业生涯中通过自己的努力工作，能为他人、社会与国家带来多少利益？这就涉及"职业素养"的问题。如果在中华优秀传统文化中溯源职业素养，职业素养要遵循但不限于以下原则。

一、诚意正心，修身为本

《大学》中讲"欲修其身者，先正其心；欲正其心者，先诚其意"；《论语》中说"吾日三省吾身"。在工作中，工作者首先要内心真诚，时刻反思自己的行为，不断提升自身的品德修养，这是职业素养的基础。如《大学》所倡导的"格物致知"，对工作内容深入探究，积累知识与技能，如此才能更好地践行道德，为职业发展奠定坚实的根基。诚意正心，意味着工作者需以真诚、纯粹的态度面对学习。只有深刻真诚地认识到自身知识的不足，才能激发内心深处对新知识、新技能的渴望。面对不断涌现的新技术、新观念，工作者要以开放的心态去接纳，不带有偏见，不故步自封，而是积极地去探索、去尝试。真诚的学习之心会鼓励工作者主动追寻知识的源头，深入理解其本质和内涵。在学习的过程中，不敷衍、不马虎，认真对待每一个知识点和每一次实践机会。保持"真诚之心"的学习也是修身的关键，其在不断提升工作者能力的同时，塑造了工作者的品格与素养。在这个充满竞争的时代，修身不仅能提升专业技能，更能培养良好的品德和职业道德。真诚学习让工作者能够不断反思自己的不足，持续改进，成为更加优秀的职场人。当工作者以真诚的心学习时，会发现知识的海洋是如此广阔且充满魅力，他们能够从不同的领域汲取营养，融合创新，为自己的职业发展开辟新的道路。在互联网信息技术的浪潮中，职场人或许遇到挫折与困难，但只要始终保持这颗真诚学习的心，就能够不断突破自我，适应变化，实现自身价值的最大化。

在工作中，真正具有高尚德行的人，不会刻意表现自己的道德，而是自然而然地践行道德。正如《道德经》所云："上德不德，是以有德；下德不失德，是以无德。"这句话提醒职场人，在工作中不刻意追求表面的荣誉和夸赞，而是踏踏实实地做好每一项任务，以真诚和负责的态度对待工作，便是一种真正的德行。面对职场竞争时，不要小聪明，不搞不正当手段，而是凭借自身的实力和努力去争取，这也是德行的体现。"修之于身，其德乃真；修之于家，其德乃余；修之于乡，其德乃长；修之于国，其德乃丰；修之于天下，其德乃普。"这让职场人明白德行的影响力是从小到大逐步扩展的。从自身做起，注重个人德行的修炼，进而影响到家庭、团队、企业乃至整个社会。在工作中，职场人要以身作则，以自身的良好品德为他人树立榜样，带动周围的人共同提升职业素养。

二、中庸适度，理性行事

《中庸》云："喜怒哀乐之未发，谓之中；发而皆中节，谓之和。"在职业生涯中，面对复杂情况和挑战，职场人要保持情绪稳定和行为的适度，避免极端。如《论语》中"君子矜而不争，群而不党"所教导的那样，既不过分争强好胜，也不随波逐流，而是用理性的态度分析问题，做出恰当的决策和行为，实现工作的顺利推进与自身的稳健成长。

在互联网信息技术日新月异、飞速发展的大背景下，知识更新换代快，因而，职场人面临着巨大的压力和挑战。《中庸》中所倡导的理念

"中庸适度，理性行事"，对于职场人而言具有深刻的意义。保持自然淡定之心，意味着不会轻易地被外界的喧嚣和变化扰乱心神。当新的技术和知识如潮水般涌来时，不要惊慌失措，而是以一种平和的心态去面对。这种淡定并非消极对待，而是在内心深处拥有一份从容，能够冷静地分析和思考，从而做出明智的决策。在知识快速更新的过程中，中庸适度的态度能避免职场人盲目跟从潮流，不会因为某项技术或知识一时的热门而过度投入，而是能够客观地评估其价值和适用性。不要急于求成，而要循序渐进，在合适的时机采取合适的行动。以中庸的视角看待事物，在众多的信息和选择中找到平衡，不偏不倚地前行。理性行事要求职场人用智慧和思考驾驭知识的更新速度，不被表面现象迷惑，而是深入探究其本质和内在规律。面对复杂多变的情况时，职场人能够运用理性思维进行分析和做出判断，避免情绪化的决策。理性思考，职场人会更好地规划自己的学习和发展路径，有针对性地提升自己的能力。例如，当新的软件或工具出现时，职场人以自然淡定之心去了解它，不因其新而盲目追捧；以中庸适度的原则来评估它是否适合自己的工作需求，不夸大也不忽视其作用；再以理性行事的方式去学习和掌握它，合理安排时间和精力。这样，职场人既能跟上时代的步伐，又不会陷入无序的忙碌和盲目的焦虑之中。

在互联网信息技术瞬息万变的时代，保持自然淡定之心和中庸适度、理性行事的原则，能让职场人在知识的海洋中航行得更加稳健，督促职场人以平和的心态去接纳变化，以明智的方式去应对挑战，在不断的成长和进步中找到属于自己的位置，实现自身的价值。这种品质不仅在职业生涯中至关重要，也将对整个人生发展产生深远的影响。

三、义利兼顾，心怀担当

在人生的旅途中，职场人始终面临着义与利的权衡与抉择。《论语》中"君子喻于义，小人喻于利"的千古名言，提醒职场人要明晰义利之辨。《孟子》中的"穷则独善其身，达则兼济天下"之语，则为职场人指明在不同境遇下应有的行为准则。

在追求职业成就和物质利益的道路上，职场人绝不能将道德和正义抛诸脑后。事业的成功固然重要，但倘若失去道德根基，那所谓的成就也不过是空中楼阁，随时可能崩塌。职场人身处职场，面对各种利益的诱惑时，要时刻以义为准则，确保自己的行为符合道德规范。在竞争激烈的商业世界中，坚守正义才能赢得他人的尊重与信任，为长远的发展奠定坚实的基础。

当个人处于困境时更要坚守道德底线，即使面临重重困难与挑战，也不能放弃对道德的追求。在逆境中，职场人应努力提升自我，不断学习来提升自己的能力。这种坚守不仅是对自我的尊重，更是为未来的腾飞积蓄力量。正如那在黑暗中默默生长的种子，待到时机成熟，便会绽放出绚烂的花朵。而当个人具备一定能力时，就应心怀责任与担当，不再仅为自己而活，而是要为团队、为社会贡献自己的力量。在团队中，要积极承担自己的职责，与他人协作，共同追求团队的目标。以自己的才能和努力，为团队的发展添砖加瓦。同时，更要将目光投向广阔的社会，关注社会的需求，以自己的行动去改善社会，为更多的人带来福祉。

"邦畿千里，维民所止"，这是《诗经·商颂·玄鸟》一文的殷切期许。职场人应始终将人民的福祉作为自己奋斗的目标。无论身处何种领域何种岗位，都要心系人民，以人民的需求为导向，努力创造出更多的价值。在科技领域，要致力于研发出更先进的技术，改善人们的生活；

在教育领域，要用心培养出更多有道德、有才能的人才；在公益事业中，要积极投身其中，为弱势群体送去温暖与关爱。

义利兼顾，心怀担当，这是职场人在人生道路上应该始终坚守的信念。只有如此，才能在追求个人价值的同时，实现社会价值的统一。在道德与责任的引领下，职场人要坚定前行，用行动书写辉煌的人生篇章，为社会的进步与发展贡献力量，让这个世界变得更加美好。在这漫长而又充满挑战的旅程中，职场人要始终保持清醒的头脑，不被利益迷惑，不被困难吓倒，以坚定的信念和无畏的勇气，去追求崇高的目标，去践行伟大的使命。

四、坚定信念，勇往直前

在职业生涯中，职场人犹如航行在波涛汹涌大海上的船只，时刻面临着风浪的冲击与考验。《孟子》中的"我善养吾浩然之气"，激励职场人面对职业道路上的问题和挑战时，能够保持坚定的信念与强大的勇气。

"止于至善"，是《大学》为职场人树立的崇高目标。在追求职业理想的征程中，职场人不可避免地会遭遇困难与挫折。可能是激烈的竞争压力，让职场人在人才济济的职场中难以崭露头角；可能是复杂多变的工作环境，使其时常感到无所适从；可能是接连不断的失败与打击，让其信心遭受重创。然而，真正的职场强者不会因此而退缩。

乔布斯在创立苹果公司的过程中，经历了无数的困难和挫折，但他始终坚守自己的理念，勇往直前，最终使苹果公司成为全球最具价值的公司之一。屠呦呦面对无数次失败与困难，毫不退缩，养浩然之气，勇攀科学高峰，最终发现青蒿素，造福人类。

在职业生涯中，职场人也要培养孟子所说的浩然之气。这种浩然之气，是对职业的热爱与执着，是面对困难的坚韧不拔，是对目标的坚定不移。当在工作中遇到难题时，职场人要不抱怨、不气馁，而是积极思考解决办法，以顽强的毅力去攻克难关。当遭遇失败时，不放弃、不沉沦，从失败中吸取经验教训，重新振作起来，以更加饱满的热情投入工作。

在追求至善的道路上，职场人要不断突破自我，勇于挑战自己的极限，尝试新的领域和任务，提升自己的能力与素养；不满足于现状，持续学习与进步，以适应不断变化的职业环境。只有这样，才能逐步实现职业理想和抱负，在职业生涯中留下属于自己的辉煌篇章。

坚定信念，勇往直前，这是职场人在职业道路上应该始终秉持的态度。无论遇到多大的风浪，都要以无畏的精神去搏击，向着至善的目标坚定前行。让职场人以坚定的步伐，在职业生涯的道路上不断前行，书写属于自己的壮丽篇章，为人生增添璀璨的光彩。

五、宽以待人，和而不同

在复杂多变的职业环境中，职场人始终需要铭记"宽以待人，和而不同"这一重要理念。《论语》中的"君子和而不同，小人同而不和"，深刻地揭示了君子与小人在为人处世方面的本质区别。君子能够尊重他人的独特性，追求和谐共处但不盲目附和；小人往往只追求表面的一致，内心却充满矛盾与冲突。《中庸》也着重强调"万物并育而不相害，道并行而不相悖"，为职场人指明了在多元的职业场景中应有的态度。

在与同事、合作伙伴的日常交往中，和谐相处是至关重要的。然而，每个人都是独一无二的，有着各自不同的背景、性格、观点和工作方式。职场人不能苛求所有人都与自己完全一致，而是要用宽容和理解的心态去接纳这些差异。只有如此，才能真正营造出良好的工作氛围，让团队充满活力与创造力。

正如《诗经·卫风·淇奥》中"如切如磋，如琢如磨"所表示的那样，在相互交流与碰撞中，职场人彼此学习、共同成长进步。这种切磋琢磨并非消除差异，而是在尊重差异的基础上，交流与融合思想，迸发出新的灵感与智慧。

"善者善之；不善者亦善之，德善也。信者信之；不信者亦信之，德信也。"在职场中，职场人要有包容一切的胸怀和一视同仁的态度。对于那些表现出色、能力卓越的同事，要给予充分的肯定和支持，因为他们是团队的中流砥柱，能为团队带来显著的价值。对于那些可能存在一些问题的同事，更不能排斥或歧视，相反，要以宽容和理解去帮助他们解决问题。这种宽广的德行，不仅能让暂时处于困境中的同事感受到温暖与关怀，更能激发他们的积极性和潜力，从而为团队的发展贡献力量。

例如，在一个科研团队中，有科学家专注于理论研究，有工程师擅长技术应用，还有管理人员负责协调组织。他们各自有着不同的专长和兴趣，但正是因为彼此尊重、相互包容，才能共同攻克一个又一个难题，推动项目的顺利进行。又如，在一家企业中，有销售精英善于开拓市场，有财务人员精于成本控制，有创意人员擅长策划新颖的方案。他们之间的差异正是企业发展的动力源泉，只有在和而不同、宽以待人的氛围中，他们才能充分发挥各自优势，实现企业的战略目标。

在职业生涯中，职场人要始终秉持这种理念。当遇到与自己意见不合的同事时，不要急于争论或反驳，而是耐心倾听，尝试从对方的角度去理解观点背后的原因。当与合作伙伴在工作方法上存在分歧时，要通过平等的沟通与协商，找到一个既能发挥各自优势又能满足团队需求的解决方案。在面对不同性格和工作风格的同事时，要学会欣赏他们的闪光点，以包容的心态去接纳他们的不足。

总之，宽以待人、和而不同是职场人在职业环境中应该始终坚守的原则。营造良好的工作氛围，促进团队的协作与创新，职场人才能够在职业生涯中不断攀登高峰，取得更大的成就，为自己、为团队、为社会创造更加辉煌的价值。

六、持之以恒，久久为功

"持之以恒，久久为功"，这是一种历经岁月沉淀而愈发珍贵的品质。《论语》中的"譬如为山，未成一篑，止，吾止也；譬如平地，虽覆一篑，进，吾往也"，提醒着职场人，在职业发展道路上必须拥有坚持不懈的精神。

一旦认定目标，就必须坚定不移、持之以恒地为之付出努力，无论遇到何种艰难险阻，绝不能半途而废。例如，科学家屠呦呦在研究青蒿素的过程中，面临着无数的挑战和困难。实验的一次次失败，外界的怀疑不断，但她毫不动摇，凭借着顽强的毅力和执着的信念，夜以继日地沉浸在研究中。如同《中庸》中所倡导的"人一能之，己百之；人十能之，己千之"，她以远超常人的努力和坚持，不断尝试、探索，经过长期的积累和沉淀，最终成功提取青蒿素，为全球疟疾防治做出不可磨灭的贡献，在医学领域获得卓越成就。

例如，中国航天人，他们怀揣着探索宇宙的梦想，几十年如一日地默默耕耘。中国从最初的技术空白到如今的航天大国，中间经历无数次的失败和挫折，但他们从不气馁，始终以坚韧不拔的精神持续前行。他们不断攻克一个又一个技术难关，用"滴水穿石"的毅力和"铁杵磨成针"的恒心，助力中国航天事业取得举世瞩目的成就。他们用实际行动诠释"持之以恒，久久为功"的深刻内涵。袁隆平院士，他在杂交水稻研究的道路上，遭遇无数的困难与挑战。试验的一次次失败，外界的怀疑与不理解，都没有拦下他的脚步。他几十年如一日地扎根田间地头，以无比的毅力和坚持，不断探索、试验、改进，最终成功培育出高产的杂交水稻，为解决全球粮食问题做出巨大的贡献。他正是凭借着持之以恒的精神，实现了自己在农业领域的卓越成就。

在工作中，职场人也会遭遇各种困境和阻碍——或许是项目推进缓慢，或许是职业发展遭遇瓶颈，但其绝不能因此退缩或放弃，而是要以那些杰出人物为榜样，将持之以恒作为信念，认定目标就全力以赴地去拼搏。面对自身的不足，更要以加倍的努力去弥补，一步一个脚印地前行，在时间的长河中积累经验、提升能力。

比如，在科技研发领域，科研工作者常常需要花费数年甚至数十年进行一项研究。在这个过程中，他们可能经历无数次的失败，但只要坚持不懈，最终总能取得突破。就像华为的科研团队，在5G技术的研发上投入大量的精力和时间，不断进行技术创新和优化，正是这种持之以恒的努力，使华为在全球通信领域占据重要的一席。

艺术创作领域同样如此。一位优秀的艺术家往往需要长期的磨砺和积累才能创作出经典之作。画家徐悲鸿为了提高自己的绘画技艺，每天坚持作画数小时，不断钻研各种绘画技巧和风格，经过多年的努力，终于成为一代绘画大师。

总之，"持之以恒，久久为功"是职场人必须坚守的原则。无论遇到多大的挑战和困难，职场人都要坚定信念，勇往直前。通过长期的坚持和努力，职场人一定能够在自己的领域取得卓越的成就，为社会的发展和进步贡献自己的力量。职场人应在职业的道路上，以持之以恒的精神为帆，以久久为功的信念为桨，驶向成功的彼岸。

七、谦逊好学，不断进取

《论语》中的"三人行，必有我师焉；择其善者而从之，其不善者而改之"，提醒职场人在工作和生活中要以优秀的人物为榜样、为老师。面对新的知识和技能或者面对能者时，要保持谦逊的心态，积极主动地去学习和吸收。向身边每一个优秀的人看齐，从他们身上汲取智慧和力量。在不断变化的职业环境中，只有持续提升自己的能力和素养，职场人才能保持竞争力，顺应时代的发展潮流。职场人要时刻提醒自己，谦逊使人进步，不断进取才能走向成功。

职场人要秉持谦逊好学、不断进取的精神，注重德行的修炼，以坚定的步伐在人生道路上不断前行，创造属于自己的辉煌成就，为社会的发展贡献力量。

第三章

传统文化智慧赋能职业素养

第一节 传统文化智慧经典

在当今职场中,提升职业素养是迈向成功的关键,而我国传统文化智慧恰似深邃的宝藏,源源不断地为其输送着丰富养分,助力职场人筑牢根基、行稳致远。

一、《诗经》

《诗经》作为我国古代诗歌的发端,承载着先人的情感、智慧与社会风貌,历经漫长岁月的洗礼,其价值早已超越文学范畴,延伸至诸多社会生活层面。于当代职场情境而言,职业素养涵盖人际交往、专业技能展现等多维度内容,而《诗经》能从独特角度为其注入活力,帮助职场人夯实根基,值得他们深入探究挖掘。

"投我以桃,报之以李"呈现了人际交往中的互惠原则。在职场这一复杂社交场域,团队协作是完成诸多艰巨任务、实现组织目标的核心机制。在项目推进过程中,成员彼此依存,面对高强度工作压力、紧凑工期或棘手难题时,同事间的援助如同"投桃"之举,是基于信任与善意给予的支持力量。他人耗费自身精力,分享专业知识助同事突破工作瓶颈，或者主动分担繁重的任务负荷，这些善意举动不应被视作理所当然。依循《诗经》中此句所蕴含的哲理，受助者后续以同样热忱的协作态度"报李"，在他人需要时主动伸出援手，能使团队内部形成良性互动闭环。长此以往，团队成员间的信任纽带将愈发坚韧，亲善和谐的合作氛围得以稳固构建，极大地提升协作效率，减少人际摩擦，为攻克复杂项目筑牢情感与行动基础。

《诗经》在职场人际交往规范塑造、文字工作优化提升两大关键层面，为现代职业素养注入丰富滋养。当下在全球化、数字化浪潮冲击职场生态之际，职场人回溯传统经典文化，挖掘如《诗经》这般古老典籍的价值，有助于其重拾文化自信，在融合传统智慧与现代需求中，锤炼更具竞争力、更富人文情怀的职业素养，实现个人职场成长与行业文化传承协同发展。

二、《周易》

《周易》是中国传统文化的瑰宝，传承数千年，其凭借独有的卦象体系与富含辩证思维、人生智慧的哲理阐述，超脱单纯的占卜预测功能局限，对社会生活各层面产生深远影响。在当今职场中，职业素养高低直接关联职场人的发展前景，《周易》为其解读职场规则，提升职业能力，涵养职业精神贡献关键启示，亟待系统地挖掘与阐释。

在职场生态中，市场环境、行业格局、技术手段处于持续动态变化的进程中，传统营销手段在新媒体强势崛起的冲击下陷入困局便是典型例证。"穷则变，变则通，通则久"，精准把握变化本质与破局关键。往昔依赖报刊广告、实体门店促销等传统营销路径的从业者，面对新媒体时代消费者注意力转移、消费习惯更迭的困境，若故步自封，执着旧法，业务必然遇冷萎缩。反之，秉持变革思维，积极尝试短视频、直播带货等新兴营销形式，便有了打破僵局、重焕生机的机会。凭借短视频直观展示、实时互动的优势，全方位呈现产品细节、特色，带货主播通过人格魅力、优惠促销方式刺激消费者消费，从业者借此拓展客源、提升销量，实现市场版图的新开拓。此变革过程彰显《周易》智慧对职场应对外部冲击、主动求变转型的实践指导价值，促使职场人敏锐洞察形势，灵活调整策略，保障职业发展的持续性。

《周易》凭借经典哲思与智慧箴言，从应对职场变革、涵养个人职业精神到凝聚团队协作力量等维度，深度融入现代职场机理。在全球经济交融、科技迅猛发展的当下职场，职场人汲取《周易》中的智慧精华，内化于职业素养的养成，外化于工作实践行动，可增强职场适应力、竞争力，以从容稳健的姿态迎接挑战、把握机遇，同时传承弘扬中华优秀传统文化于职场领域，彰显传统文化智慧的时代魅力。

三、《道德经》

《道德经》是道家思想的经典著作，其简洁而深邃的文字，蕴藏对宇宙、人生、社会的精妙洞察，传承数千年，持续启迪着后人的思维与行为模式。在当今职场领域，人们面临着纷繁复杂的人际关系、多变的工作任务与高强度的竞争压力，职业素养的高低直接关乎个人职业发展轨迹。《道德经》恰似一座蕴含无尽智慧的宝库，其中诸多理念与职场实践紧密关联，为解决职场难题、涵养职业精神开辟独特路径，值得职场人深入探究与解读。

"无为而治"常被误解为消极不作为，但实际上于职场语境有着深刻且积极的内涵。其本质是倡导顺应工作开展的自然节奏，规避过度、不必要的人为干涉，从而达到一种理想的运作状态。"治大国，若烹小鲜"，烹饪小鱼时需把控火候，小心翼翼地翻动，以免破碎，职场管理亦是如此。管理者应该把握宏观方向，在制定清晰的目标、规则与资源分配方案后，给予员工充足的自主空间，鼓励员工依据自身专业知识、工作经验灵活施展才能。在软件开发项目里，项目经理明确功能需求、进度节点与质量标准后，放手让程序员自主设计算法、编写代码，程序员基于对技术细节的把握与创新思维，可能优化程序架构、提升运行效率，这样的放手反而激发团队创新活力，提升项目完成质量，实现组织与员工双赢，彰显"无为而治"在职场管理层面优化职业素养、提升工作效能的价值。

《道德经》提出的"致虚极，守静笃"为职场人提供应对良方。这一理念旨在促使个体内心达至空灵纯净、沉静笃定境界，以此看透表象、洞察事物本质。从职场管理策略优化、员工创造力激发，到应对职场纷争、涵养职业气度等维度发力，职场人才能更好地深度融入现代职场生态。在科技飞速发展、职场环境加速变化的当下，职场人领悟并运用《道德经》中的智慧，内化于心、外化于行，重塑职业思维，提升职场竞争力，从容应对职场风云变幻，传承与弘扬中华优秀传统文化于职业实践之中，凸显传统哲学经典对现代职场的深远价值与持久魅力。

四、《庄子》

《庄子》是道家学派的经典巨著，其以天马行空的想象、深邃超凡的哲思，构筑起一座超脱世俗羁绊、探寻生命本真的思想殿堂。在当今高度商业化、竞争激烈且节奏紧凑的职场环境中，职场人面临着来自功名利禄的诱惑、高强度工作任务的压力以及职业发展瓶颈的困扰。《庄子》蕴含的智慧之光穿透历史尘埃，为现代职场诸多难题的破解、职业素养的深耕提供全新视角与有益路径，亟待职场人深入挖掘与系统解读。

"逍遥游"作为《庄子》开篇宏论，勾勒出一种挣脱世俗束缚、追求精神绝对自由的高远境界。在职场这充满诱惑与竞争的"江湖"里，功名利禄有时如无形枷锁，禁锢职场人的思维与行动。例如，科研工作应是对未知世界的纯粹探索，然而在某些现行科研评价体系下，论文指标、职称评定等功利因素成为某些科研人员的追求目标，他们为满足论文发表数量、期刊级别要求，疲于奔命，陷入短视功利追求，科研沦为"流水线作业"，创新性思维被严重压制。借鉴"逍遥游"思想，这些科研人员应该努力挣脱这类功利羁绊，回归科研初心，为心灵寻觅一方自由驰骋的天地，沉浸于对科学问题本身的痴迷与好奇，以纯粹求知欲驱动研究进程。又如，屠呦呦团队，在青蒿素研发历程中，未被外界喧嚣干扰，专注天然药物探索，历经无数次失败仍坚守初心，方取得震撼世界医学领域的突破性成果。这种超越功利、追求内心自由的职业心态，有助于激活职场人的创新思维，使其敢于挑战权威、突破常规，在各自职场赛道实现开创性作为，重塑职业发展动力机制，涵养深厚职业素养。

《庄子》中的"庖丁解牛"生动诠释专业精神登峰造极之境。庖丁解牛时"以神遇而不以目视，官知止而神欲行"，凭借其对牛体结构烂熟于心和长期实践积累的深厚功底，操作起来游刃有余、举重若轻。将此映射至现代职场，厨师、手工艺人等技艺型从业者群体与之高度契合。木雕师傅熟知木材纹理走向、硬度差异，雕刻时随心而动、刀刀神韵，雕琢出精美绝伦的作品。在职场喧嚣浪潮中，秉持"庖丁解牛"的专业精神，从业者深挖业务细节、淬炼专业能力，坚守匠心、精益求精，方能在激烈竞争中脱颖而出，夯实职业"护城河"，提升职业素养的"含金量"。

概而言之，《庄子》通过"逍遥游""庖丁解牛"等经典篇章承载的思想精华，从职业心态重塑、专业精神锻造的双维度，为现代职场注入别样的活力与智慧。在数字化浪潮席卷职场，行业变革加速、竞争激烈的当下，职场人汲取《庄子》智慧养分，内化自由创新心态，外化极致专业表现，可突破功利"迷障"、化解竞争"压力"，雕琢出高品质的职业素养与无可替代的职业价值，续写传统经典与现代职场交相辉映、协同发展的崭新篇章。

五、《大学》

《大学》是儒家思想的核心典籍之一，其凭借严谨且系统的理论架构，传承千年，蕴含了古人对个人成长、社会秩序构建等层面的深邃洞察。在现代社会，职场已成为人们施展才华、实现价值的关键舞台，职业素养高低、成长路径明晰与否直接关联个体职业成就与社会贡献。《大学》中的智慧为职场人在复杂多变、竞争激烈的职业环境中指引前行方向，助力他们从品德涵养、知识积累到团队协作、行业引领等全方位素养进阶，值得深度剖析与精准解读。

1. "明明德"：筑牢职业操守基石，彰显品德光辉

"明明德"位居《大学》"三纲领"之首，于职场领域着重凸显职业品德无可替代的至上地位。以财务工作场景为例，财务人员身处企业资金管理核心枢纽，掌控财务信息流动、资金收支调配大权，每日与巨额钱财及复杂账目打交道。严守诚信底线、坚决不触碰违规红线，对财务人员来说是"明明德"的直接体现。处理账务时，财务人员应该如实记录每一笔经济业务，不做假账、不虚报数据，确保财务报表真实反映企业财务状况，忠诚地守护好企业的"钱袋子"。这般恪守职业操守之举，对内维系企业运营秩序，对外树立企业良好信誉形象，在利益诱惑与复杂人情世故交织的职场"漩涡"中，绽放出熠熠生辉的职业品德之光，

为职业可持续发展铺就坚实道德"底色"。

2."亲民"：践行热忱服务，凝聚协同奋进力量

"亲民"理念在职场语境实现内涵转化，演绎为热忱服务、协同共进的价值导向。教师群体作为典型代表，秉持"亲民"之心，全身心投入育人事业。课堂之上，耐心讲解知识难点，关注每位学生的学习进度与心理状态，课后亦不辞辛劳答疑解惑、指导学生成长规划，以春风化雨般的温情助力学生知识积累与人格塑造。客服岗位的从业者同样如此，面对客户咨询或投诉，秉持耐心、热情与同理心，积极倾听诉求，高效解决问题，将客户满意视为工作核心。跨部门协作场景中，各岗位人员秉持"亲民"思维，打破部门壁垒，主动沟通、分享资源，携手攻克项目难关，凝聚成团结奋进的整体，推动职场业务流程顺畅运转，实现组织整体效能提升。

3."格物致知——修身——齐家——治国平天下"：搭建职业成长阶梯

格物致知：深挖业务知识根基。"格物致知"拉开职业知识探寻序幕，要求各岗位从业者立足本职，深度钻研业务知识细节。设计师群体为契合此理典范，面对设计任务，潜心研究色彩搭配美学原理，剖析不同色彩组合在情感传递、视觉冲击上的差异，探究材质特性从物理质感、环保性能到加工工艺适配性多维度特质，在不断"格物"实践与知识积累中"致知"，掌握设计精髓，为后续的创意输出筑牢专业的知识根基。

修身：雕琢完善自我素养。伴随知识积累，"修身"成为关键环节。职场人需在品德、心态、能力等维度自我雕琢，锤炼沉稳心态应对工作压力，持续磨砺专业的技能弥补短板，涵养谦逊包容的品德处理人际纷争，将自我打造成德才兼备的职场"精锐"，为融入团队发挥更

大的效能奠基。

齐家：凝聚团队力量。"齐家"在职场意味着凝聚团队向心力，类比家庭经营，团队成员需要相互理解、支持、分工协作。项目团队运作时，成员依据专长各司其职，定期沟通进展、协调矛盾，以共同目标为"磁石"，将个体力量拧成合力，高效执行任务。

治国平天下：引领行业，造福社会。历经前序阶段的沉淀打磨，佼佼者终将迈向"治国平天下"的高度，在行业前沿发挥引领作用。行业专家凭借深厚造诣，参与制定标准规范、分享前沿见解，推动行业良性发展；企业家以创新商业模式、社会责任担当，带动产业链升级、回馈社会，实现个体职业价值的最大化升华，一步一个脚印攀全职业巅峰，达成造福社会的宏愿。

综上所述，《大学》构建的完整思想体系犹如精密的职业成长"导航仪"，从品德坚守、服务践行到知识钻研、素养进阶、团队凝聚乃至行业引领，全方位嵌入现代职场生态。在科技革新、社会变革加速的当下职场，职场人应该汲取《大学》中的智慧，内化于心、外化于行，稳步涵养高阶职业素养，开拓明晰成长路径，实现个人职业理想，传承弘扬中华优秀传统文化，为社会发展注入持久的正能量。

六、《中庸》

《中庸》是儒家思想体系中重要的经典著作，传承数千年，承载着古人对天地万物运行规律、人生处世准则的精妙体悟。在当今职场环境里，职场人面临着复杂多变的任务要求、多元利益纠葛以及高强度的竞争压力，职业素养的优劣和工作实践中分寸感的拿捏，直接关乎事业发展成败与个人职场声誉。《中庸》所倡导的"中庸之道"，恰似一把精准的标尺，为职场人在情绪把控、任务执行策略、诚信坚守等关键维度提供衡量准则与行动指南，值得职场人深入探究与细致运用。

1."中和"思想：职场情绪管理的智慧基石

"喜怒哀乐之未发，谓之中；发而皆中节，谓之和"这一经典表述，体现出职场情绪管理的至高原则。商务谈判场合堪称职场情绪博弈"战场"，各方怀揣不同的利益诉求唇枪舌剑，对手刁难、利益冲突屡见不鲜。在此情境下，遵循"中和"之道的职场人应该展现出超凡定力与沉稳克制。当谈判对手抛出尖锐问题、提出苛刻条件试图施压时，深谙此道者不会瞬间被愤怒、焦虑等负面情绪裹挟，而是让情绪在"未发"状态保持内心冷静平稳，维持思维清晰，精准洞察对方意图与谈判局势的关键节点；待回应时，做到"发而皆中节"，以平和理性的言辞、适度的肢体语言表达己方立场观点，避免过激宣泄引发对抗升级，凭借营造的和谐氛围引导谈判走向正轨，为合作顺利达成清除情绪"路障"，夯实互信基础。由此可见，职业成熟度与情绪把控力对职场事务推进发挥着积极效能。

2."执两用中"：优化任务执行策略，平衡多元要素

"执两用中"理念为职场任务执行点明方向，规避极端倾向，力保工作成效均衡。施工团队的运作便是典型映照，建筑施工项目包括工期进度和工程质量两大核心要素，二者常似"跷跷板"，一端失衡则全盘受困。秉持"执两用中"思维，施工团队既不会盲目冒进压缩工期，罔顾质量规范，如草率施工致建筑结构不稳、安全隐患丛生；也不会拖沓延误，陷入过度精雕细琢局部细节，无视整体交付期限，造成成本超支、客户满意度受损的困局。团队管理者科学统筹，依循施工流程合理调配人力、物力，于关键工序严控质量，在常规环节高效推进，在工期与质量间精准寻得"平衡点"，确保项目按时交付优质建筑成品，达成效率与品质双赢的目标，诠释"中庸之道"在复杂工作实践中优化资源

配置、把控工作节奏的精妙价值。

3.诚之理念：筑牢职场诚信根基，护航职业发展

"诚者，天之道也；诚之者，人之道也"于职场领域深植诚信要义，成为职场人安身立命的根本。在职场生态"信用网络"里，职场人从日常点滴践行诚信，一诺千金铸就坚实信誉口碑。销售人员承诺客户产品交付期限、售后服务标准，便会严阵以待，按时履约，提供优质服务，不因订单小、监管疏而失信；项目合作中，各方约定资源投入、责任分工，参与者皆真诚以待、忠实履行，不搞暗箱操作、推诿塞责。长此以往，诚信"储蓄"持续积累，职场信誉"账户"充盈，对内凝聚团队协作向心力，同事愿携手并肩、互信互助，对外赢得客户、合作伙伴的信赖，业务邀约纷至沓来，为职业生涯铺就平稳的"绿色通道"，即便遇行业寒冬、市场波动，亦能凭借诚信根基稳立潮头，凸显诚信坚守在职业可持续发展中的"压舱石"作用。

综上所述，《中庸》凭借其深邃的"中庸之道"，在情绪管理、任务执行到诚信建设等方面深度融入现代职场机理。在全球经济交融、职场竞争激烈的当下，职场人领悟内化《中庸》的智慧精华，外化于职场言行实践，精准拿捏工作分寸，涵养高阶职业素养，可有效应对复杂挑战，稳健拓展职业版图，传承弘扬中华优秀传统文化的光辉，让古老智慧于现代职场持续焕发生机与活力。

七、《论语》

《论语》作为儒家思想的集大成之作，历经两千多年的传承沉淀，汇聚着孔子及其弟子对人生、道德、社会秩序等诸多维度的深邃洞见。在当今职场这一充满竞争、协作与变革的复杂场域，职业素养涵盖人际互动、知识更新、业务专精等多元要素，直接决定职场人的职业轨迹与

成就高度。《论语》中诸多箴言警句跨越时空界限，精准切中职场关键症结，为优化职业素养、化解职场难题构筑起坚实的"脚手架"，亟待职场人深入挖掘与细致解读。

1."己所不欲，勿施于人"：筑牢职场和谐人际根基

在构建职场良性人际关系层面，这句话堪称基石般的存在。职场本质是一个多人协作系统，团队协作效率高低深受成员间相处氛围与互动模式的影响。在项目攻坚阶段，团队成员面临高强度任务压力、紧张工期，分歧与摩擦极易滋生。例如，在软件开发项目中，程序员们对代码架构设计、功能模块划分持有不同见解，若一方强硬推行自身观点，不顾及他人想法，以"己所欲"强施于人，势必引发激烈争执、破坏协作氛围。反之，秉持"己所不欲，勿施于人"理念，成员们会主动换位思考，理解他人立场背后的考量，包容思维差异，以平和沟通取代无端指责与推诿。面对分歧冷静探讨，权衡各方利弊，凝聚群体智慧寻得最优解，携手攻克技术难关，使团队协作如精密齿轮组般顺畅运转，为项目成功交付筑牢人际"承重墙"，彰显人际包容与理解在提升职场效能方面的基础性支撑作用。

2."学而时习之，不亦说乎"：激发职场持续学习的内驱力

这句话宛如一记长鸣的劝学警钟，时刻激荡在职场人的耳畔，敦促其保持旺盛的学习热情、不断精进专业技能。当下的职场处于科技革新、知识爆炸的浪潮之中，行业技术迭代快，职场人面临"不进则退"的严峻挑战。以医护领域为例，面对新疾病的出现，诊疗技术与理念需要持续更新。医护人员谨遵此训，积极追踪前沿学术成果，参加专业培训研讨，将新发现的病理机制、创新治疗手段融入日常诊疗方案，从精准诊断到个性化治疗，以更优的医术服务患者。律师行业同样如此，法律条文修订频繁、司法实践日趋复杂，律师需要潜心钻研新法规条文、

典型案例的判决逻辑，更新知识储备、锤炼辩论技巧，确保在法庭博弈、法律咨询中精准运用法律武器维护当事人权益。持续学习让职场人掌握行业脉搏，提升职场竞争力，在知识更新的浪潮中稳立潮头，凸显学习热忱对职业素养升级的核心驱动效能。

  3."君子务本，本立而道生"：聚焦本职夯实职业发展根本

  这句话精准锚定职场工作重心，指引职场人立足本职、深挖业务精髓，以此铺就职业成长通途。对销售人员而言，产品与服务是职业"本"之所在。他们聚焦产品独特卖点，从产品设计创新点、功能优势，到服务流程贴心处、售后保障贴心度等维度剖析，深入生产车间了解制造工艺，以便提升产品讲解的可信度，专注客户体验调研，挖掘潜在需求以便优化服务方案，摒弃浮躁"逐利"的心态，踏实深耕市场一线。凭借扎实业务功底与真诚服务品德，与客户建立深度信任链接，赢得口碑与业绩双丰收。立足本职不仅锤炼专业技能，更涵养敬业精神与职业操守，营造积极向上的职场生态，为晋升或合作做好准备，夯实从基层岗位迈向更高职业层级的"路基"，彰显扎根对职业进阶的奠基性价值。

  概言之，《论语》凭借其字字珠玑的箴言，从人际构建、学习驱动到本职深耕等维度深度赋能职场人。在全球化竞争、科技浪潮席卷的当下，职场人汲取《论语》的智慧养分，内化于心、外化于行，持续优化职业素养架构，从容应对职场风云变幻，在传承中华优秀传统文化的同时，书写自己的辉煌职业篇章，实现个人价值与社会贡献协同提升。

八、《孟子》

  《孟子》作为儒家思想传承脉络中的璀璨明珠，承载着亚圣孟子对道德伦理、社会秩序、人生价值等诸多范畴的深刻思辨与激昂主张，历经数千年岁月的洗礼，其思想光辉依旧熠熠夺目。置身于当今复杂多

变、竞争激烈且高度社会化的职场环境，职场人所需的职业素养早已超脱单纯技能维度，涵盖操守坚守、价值导向、领导能力等多元层面，直接关联个人职业发展轨迹与社会职业生态建构。《孟子》恰似一个蕴含无尽能量的智慧"引擎"，为现代职场难题破局、素养进阶注入磅礴力量，亟待职场人深入探究与精准解读。

1."富贵不能淫，贫贱不能移，威武不能屈"：砥砺坚不可摧的职业操守基石

这句掷地有声的箴言，铸就了职场人坚如磐石的职业操守堡垒。新闻行业肩负着传递真相、监督权力、启迪民智的神圣使命，新闻记者身处信息洪流与利益纠葛交织的"风暴眼"。在商业利益诱惑面前，个别企业可能以巨额广告投放、优厚物质馈赠为"诱饵"，妄图左右新闻报道立场、粉饰其经营瑕疵时，秉持此训的记者要不为所动，坚守客观公正报道底线，确保新闻真实性不受玷污；面对威压，记者要凭借"威武不能屈"的骨气，无畏无惧地深挖事实真相，以笔为剑、以镜头为盾，捍卫公众的知情权，维护社会公平正义。这种钢铁般的职业操守，不仅是个体安身立命的根本，更是行业公信力得以存续、社会舆论监督机制有效运转的关键支撑，彰显传统道德坚守在现代职场复杂利益博弈中的"定海神针"作用。

2."民为贵"：锚定"用户至上"的职场价值导向核心

"民为贵"这一思想在现代职场语境实现精妙"转译"，凝练成"用户至上""客户优先"的理念，为诸多行业实践指明方向。互联网产品领域堪称典型代表。互联网产品经理作为产品的"掌舵人"，把控产品从创意萌生、功能设计到迭代优化全流程，但是用户体验才是决定产品生死存亡的"命门"。深入洞察用户需求是践行"民为贵"的首要步骤，借助大数据分析、用户调研、竞品剖析等手段，精准捕捉用户痛点，挖

掘不同用户群体在功能偏好、交互习惯、审美诉求上的差异；继而围绕用户体验核心，聚焦产品功能优化，简化操作流程，提升界面友好度，增强内容精准推送，以迭代更新及时响应用户反馈，持续提升产品可用性与满意度。秉持"民为贵"，产品方能在市场红海竞争中脱颖而出，赢得用户口碑与市场份额，凸显用户中心导向对职场业务成功的驱动效能，重塑产品价值生态。

3."以其昭昭，使人昭昭"：明晰职场晋升与团队引领的能力准则

职场晋升之途，常伴随着领导角色转变与引领团队的重任，"以其昭昭，使人昭昭"明晰了此间能力要求与行动规范。晋升为团队领导者后，职责不再局限于个人业务精湛，更须具备卓越团队引领能力，确保团队整体效能提升、目标达成。以科技研发团队为例，领导者自身需要对前沿技术趋势了然于心，在人工智能、大数据等复杂技术领域，拥有深厚的专业知识储备与丰富的实践经验，明晰技术研发路线图、攻克难点的关键环节；面对项目决策时，要凭借清晰的见解精准把控方向，避免团队陷入技术"迷宫"；在日常管理中，以通俗易懂的方式向成员传递技术要点、项目目标与任务分配逻辑，做到"使人昭昭"，凝聚团队智慧力量，激发成员积极性与创造力，以大义担当胸怀、卓越领导才能拓展团队业务版图，铸就辉煌团队业绩，诠释领导者能力素养对职场进阶与团队发展的"领航"价值。

综上所述，《孟子》的深邃思想与激昂主张，在职业操守淬炼、价值导向锚定、职场晋升引领等维度激励职场人深度融入现代职场机理。在全球化经济交融、科技变革加速、社会价值多元的当下，职场人汲取《孟子》的智慧精华，内化道德坚守、用户至上理念，外化卓越领导作为，重塑职业精神风貌，提升职场综合素养，稳健拓展职业版图，续写

传统经典与现代职场交相辉映、协同共进的崭新篇章，构建个人职业理想与社会福祉增进的"双赢"格局。

九、《孙子兵法》

《孙子兵法》是世界军事学领域的不朽名著，是对战争规律、军事谋略及军队治理的深邃洞察，历经两千多年的传承，早已超越军事范畴，成为一部蕴含普适智慧的哲学宝典。当今职场恰似一个没有硝烟的战场，充满激烈的竞争、复杂的协作与多变的风险，职场人面临求职困境、同行角逐、项目挑战及团队协同难题，急需行之有效的策略与智慧指引，《孙子兵法》的战略思维与管理原则精准对接职场症结，为职场竞争与运作提供全新视角与有力支撑，亟待职场人深度挖掘与精妙运用。

1. "知己知彼，百战不殆"：筑牢职场竞争根基，提升博弈胜算

求职面试层面。在竞争激烈的求职赛道上，"知己知彼，百战不殆"是求职者脱颖而出的关键法则。求职者自身恰似待出征的"参谋"，需要精准剖析自身优劣势，明晰专业技能特长、过往项目经验亮点，正视知识短板、性格局限等不足，同时将目标岗位视作"敌军堡垒"，深入研究岗位核心需求，剖析岗位职责精细架构、所需技能深度广度、企业文化适配特质等。例如，应聘软件开发岗，求职者除具备扎实的编程功底，还依岗位侧重移动端或后端开发对新兴技术的框架需求，有针对性地强化知识储备、整理相关项目经验；考量企业文化开放或严谨的风格，调整面试表达风格，据此制定适配的求职策略，精心雕琢简历，模拟面试应对问答，大幅提升求职胜算，突破求职"防线"，斩获心仪岗位。

商业对弈视角。于企业商业竞争"棋局"，此原则更是决胜要诀。企业宛如商战中的"军团"，竞争前务必调研对手产品特性、性能优劣、

市场份额占比及营销策略，洞悉对手的"重兵布防"与薄弱"命门"所在。以智能手机行业为例，厂商在新品发布前，全面分析竞品拍照成像、处理器性能、外观设计等卖点，把握其市场定位与目标受众偏好，依此找准差异化竞争切入点，或强化影像技术，或优化系统流畅度，精准发力营销渠道与推广策略，如线上社交媒体精准投放、线下体验店布局，抢占市场份额，才可能增大在商业"战场"上克敌制胜的概率。

2."庙算"思维：优化项目筹备，把控风险资源

项目筹备阶段仿若古代军事出征前的"庙算"谋划，关乎项目成败。建筑工程领域堪称典型代表。承揽项目伊始，严谨核算成本是"庙算"的首要任务，精细盘点人力、材料、设备等开支，结合市场价格波动预估成本区间，确保报价合理兼具盈利空间。勘察地形犹如侦察"战场"，精准掌握施工场地的地质条件、周边环境等因素，为基础施工、场地规划筑牢根基。考量施工难点，提前预判如地下管线排布、恶劣气候影响等潜在风险，制定对应应急预案，合理调配技术力量、施工设备应对。权衡资源多寡制定资源分配计划，预估风险大小布局防范举措，保障项目启动有序、推进顺畅，规避"出师不利"的困境，提升项目整体"胜率"，实现从规划蓝图到优质工程落地的转化。

3."将者，智、信、仁、勇、严也"：铸就卓越团队领导力，驱动高效执行

在团队管理领域，"将者，智、信、仁、勇、严也"为领导者勾勒出清晰的能力画像与行为准则。"智"要求领导者具备高瞻远瞩的智慧，在科技研发团队，洞察行业技术趋势，精准布局研发方向，引领团队攻克前沿难题；"信"即诚信立身，承诺的绩效奖励、职业晋升路径，领导者务必信守诺言，稳固团队的信任基石；"仁"体现为仁爱待下，关注成员工作负荷、职业困惑，营造温暖关怀的氛围，增强团队成员的归

属感;"勇"助力勇敢决策,市场瞬息万变,面临产品转型、竞争挑战,领导者果敢抉择,把握时机破局;"严"确保纪律严明,制定清晰的规章制度,规范工作流程、考勤纪律等,对违规行为严肃处理。以此凝聚队伍的向心力,激发成员的主动积极性,如臂使指般高效执行任务,在职场的"战场"中抢占先机、决胜千里,铸就卓越团队业绩,彰显卓越领导力价值。

总之,《孙子兵法》中的经典战略思想与管理智慧,从求职竞争、商业博弈、项目筹备、团队引领等维度深度嵌入现代职场生态。在全球化经济交融、市场竞争白热化的当下,职场人领悟内化其精华,外化于竞争策略制定、项目运作把控与团队管理实践,可强化竞争优势、优化管理效能,稳健拓展职业版图,续写传统经典与现代职场相得益彰、协同共进的辉煌篇章,实现个人职业理想与组织战略目标双赢的目标。

第二节 传统文化赋能职业素养

前文对当前面临的职业素养问题及挑战做了详细分析,在当今竞争激烈的职场环境中,职业素养的重要性不言而喻。中华优秀传统文化源远流长、博大精深,犹如一座蕴藏无尽智慧的宝库,为职业素养的提升提供养分。

一、孝的能力

孝道是美德的"芽"。一个人对别人的好,一个人对社会的贡献,一个人能够与人为善、助人为乐,所有这些都不是凭空出现的。孝道源于家庭,孩子在家庭中对长辈的尊重,对父母讲话的良好态度,是孩子在家庭成长过程中经过培养熏陶之后形成的，他会设身处地地为他人着想，会由尊重自己的父母，迁移到尊重天下的父母及长辈。"孝"的培养，会让一个人的道德观念和行为习惯定型，当其步入学校或社会等，观念和习惯就会迁移，他们会自然地体谅天下的长辈，具有了同理之心和同情之心。

忠臣必出孝子之家。有一则关于岳飞"精忠报国"的故事，岳飞39岁受冤入狱，别人说他通敌卖国，岳飞将衣服撕掉，露出背上四个字——精忠报国——这是他投身军旅时，其母为了激励儿子铭记大丈夫当"精忠报国"的训诫，用绣花针在其背上刺下这四个字。岳飞践行"精忠报国"这四个字的时候，其实就是孝，出自对妈妈的孝，才能将妈妈对他的要求用自己的生命去捍卫。所以孝和报国有机统一，这就是忠诚。岳飞的故事影响深远，实质是孝道的典型体现。

提及"孝道"，中国传统文化典籍中内容丰富，典型代表是《孝经》。《孝经》讲述的是在那个时期天子、诸子、卿大夫、老百姓如何行孝。时至今日，两千多年已经过去，中国社会发生了天翻地覆的变化，虽然不能将《孝经》的内容简单地搬过来，但是其所表达的对父母对长辈的孝道对今天的"慈孝"仍有参考价值。不同时代，对长辈和父母的尊重、爱护、体谅，表现形式是不同的，今天慈孝文化的表现形式也要与时俱进。

《孝经》第一章开宗明义，"身体发肤，受之父母，不敢毁伤，孝之始也"。讲的是孝的开始，身体发肤是父母生养的，人们自己不能去毁伤它，爱护自己的身体，爱护自己的生命，这是小孝。

"立身行道，扬名于后世，以显父母，孝之终也。夫孝，始于事亲，中于事君，终于立身"。这个孝就是大孝，表现立身行道于天地之间，这一生"追求道、去证道、去悟道、去行道"。行道的终极目标是做到

"内圣外王",外在表现就是为国为民做出一番事业,在历史上留下浓重的一笔。扬名以后,让自己的父母显赫荣耀,这就是所谓的孝之终也,真正的大孝。

二、信念能力

在解析信念能力、提升信念能力等方面,职场人要有自知、自信、自律、自励、自谦和自省的能力。

《论语》中的"士不可以不弘毅,任重而道远",强调坚定的信念与使命感。在职场中,拥有强大信念能力的职场人能够肩负重任,为了目标不畏艰难险阻,如同古代君子般勇往直前。"天行健,君子以自强不息"体现了持续进取的信念。具备信念能力的人,会在职业生涯中保持积极向上的态度,不断努力提升自我。"有志者,事竟成"明确指出了坚定志向与信念对于成功的关键作用。职场人在职场中怀揣着坚定的信念,全力以赴去追求目标,就可能克服重重困难,实现事业的成功。"锲而不舍,金石可镂"展现了信念的持久性与坚韧不拔。在追求职业目标的过程中,凭借强大的信念能力,职场人持之以恒地努力,最终达成目标。中华优秀传统文化深刻阐释了信念能力的内涵与价值,启示职场人在职业发展中不断培养和强化这一重要素养,以坚定的信念引领其在职业道路上前行。

三、战略能力

《道德经》中讲"治大国,若烹小鲜",体现了对全局把控和细节处理的平衡。职场人制定职场战略时,既要着眼宏观局势,又要关注细微之处。"凡事预则立,不预则废",强调规划和准备的重要性。具有战略能力的人,会未雨绸缪,提前布局,就像古代的谋士为战争做好充分准备。"不积跬步，无以至千里"，提示职场人要注重长期的积累和坚持。战略能力的培养并非一日之功，需要在日常工作中不断沉淀。"居安思危"的思想让职场人在顺利时也能保持警惕，随时根据变化调整战略。这种前瞻性思维是战略能力的核心之一。汲取中华优秀传统文化的智慧，促使职场人更好地理解和提升职业素养中的战略能力，从而在职业生涯中稳步前行，取得更大的成就。

四、团队能力

《周易》中言："二人同心，其利断金。"这充分体现了团队成员齐心协力所能产生的巨大力量。在工作中，当团队成员目标一致、团结协作时，往往能攻克各种难关，取得出色成果。"天时不如地利，地利不如人和"强调"人和"，即团队和谐的重要性。一个具备良好团队能力的集体，成员之间相互信任、相互支持，能够营造出积极融洽的氛围，发挥出团队的最大效能。"人心齐，泰山移"更是直白地表明团队齐心合力的强大威力。当团队能力得以充分发挥，再难的问题也能迎刃而解。中华优秀传统文化中的这些智慧，为职场人理解和提升职业素养中的团队能力提供宝贵的指引，帮助他们在团队合作中不断创造价值，实现共同的职业理想。

五、影响能力

提升威望、提升魅力、保持一致、保持距离充分体现了影响能力，真正开启内在智慧，做生命的觉者。用正念、正知、正言、正行影响他人，做一位有远见、有胆识、有度量、能谋善断、沉稳担当、守信真诚、果断坚毅的职场人。《论语》中说"其身正，不令而行；其身不正，虽令不从"，表明自身的端正和榜样力量对于影响他人的重要性。在职场中，具备良好影响能力的人，能够通过自身的品行和行动来引领团队成员朝着正确方向前进。"桃李不言，下自成蹊"，强调潜移默化的影响力。桃树和李树不主动招引人，但因花朵美丽和果实甜美，吸引人们前来采摘和观赏，人们在树下走来走去，便踩出一条小路。拥有优秀影响能力的人，无须刻意也能自然地赢得他人的认可和追随。职场人应该汲取中华优秀传统文化中的智慧，不断提升自身在职业素养中的影响能力，以便更好地推动事业发展和团队进步。

六、人本能力

《大学》中有言："大学之道，在明明德，在亲民，在止于至善。"其体现了对人的尊重和关注，强调要彰显光明的品德，亲爱人民，追求至善的境界。在职场中，具备人本能力意味着职场人能够理解和尊重他人，关注团队成员的需求和发展，以达到共同成长的目的。"己所不欲，勿施于人"更是直接点明要换位思考，将心比心。在职业环境中，拥有人本能力的人会站在他人角度考虑问题，避免做出伤害他人的行为，有利于和谐人际关系的维护和良好工作氛围的营造。"民为邦本，本固邦宁"传达了以民为本的重要思想。在职场，管理者应把员工视为根本，重视他们的价值和作用，通过有效的激励和友爱的关怀，鼓励员工发挥出最大的潜能，实现组织的稳定与发展。

七、沟通能力

解读好《孟子》，就把握了沟通能力修炼的要点。孟子善于沟通，精于讲故事，他通过巧妙的比喻、拟人的故事、生动的画面，提供一个个鲜活的沟通案例。再如《论语》中讲"言未及之而言谓之躁，言及之而不言谓之隐，未见颜色而言谓之瞽"，强调沟通要把握时机、察言观色,这是良好沟通能力的体现。"辞达而已矣",表明沟通的关键在于准确清晰地表达,而非华丽辞藻的堆砌。"不患人之不己知,患不知人也",提示沟通中要多去了解他人,只有这样才能更好地与他人交流互动。汲取中华优秀传统文化中的这些智慧,职场人能够提升职业素养中的沟通能力,促进人际关系的和谐与工作的顺利开展。

八、激励能力

《礼记·学记》中言"善歌者使人继其声,善教者使人继其志",体现了善于激励他人能让其跟随并发挥潜力。在职场中,具备激励能力的人能够激发团队成员的积极性和创造力。"水不激不跃,人不激不奋",强调激励对于调动人的主观能动性的重要性。一个懂得运用激励能力的人,能够像水被激发而跃动一样,让他人充满奋进的动力。职场人应从中华优秀传统文化中汲取智慧,不断提升职业素养中的激励能力,从而更好地引领和推动团队发展,实现共同目标。

九、执行能力

王阳明先生的《传习录》影响深远,他的"心即理""知行合一""致良知"三大命题,是研究执行能力的必修内容。《荀子·劝学》中说"不积跬步,无以至千里;不积小流,无以成江海",强调"执行"要注重点滴积累,一步一个脚印地去落实,才能达成最终目标。"言必行,行必果",直接表明言行一致、坚决执行的重要性。在职场中,具备强大执行能力的人,会果断行动,切实将计划付诸实践。"锲而不舍,金石可镂",体现执行过程中坚持不懈的精神。面对困难和挑战,坚定地执行下去,就如同雕琢金石般,最终能够取得成果。这些传统文化的理念,为职场人理解和提升执行能力提供了深刻的启示,助力其在职业生涯中展现出卓越的执行力。

十、自觉能力

自律给人自由，而自觉是下意识的自律，是高度自律后的自觉，是和生命融为一体的习惯。自觉自律才能更好地领导自己，成己达人。《中庸》里讲"君子慎其独也"，强调了独处时也要保持自觉和自律。这启发了职场人在工作中，无论有无他人监督，都要自觉地高标准要求自己，以展现良好的职业素养。"吾日三省吾身"的自我反省态度正是自觉能力的体现。不断反思自己的行为和表现，及时发现不足并加以改进，从而提升自我。"天行健，君子以自强不息"，其中蕴含着自觉进取的精神。具备自觉能力的人会主动地追求进步和成长，积极适应职场环境的变化。职场人应该从这些优秀传统文化中汲取智慧和力量，强化自身的自觉能力，为职业发展奠定坚实基础。

十一、创新能力

创新的核心在于学习，学习能力的培养有一定的方法，对于新时代的企业创新能力的培养，如《周易·系辞下》所云的"穷则变，变则通，通则久"。这体现了在困境中勇于变革、创新以求通顺和长久的理念。在职场中，拥有创新能力才能突破困境，开拓新局面。"苟日新，日日新，又日新"强调不断追求创新。具备创新能力的人会持续探索新的思路和方法，推进工作。职场人应从中华优秀传统文化中汲取创新的精神力量，提升职业素养中的创新能力，以适应时代发展的需求，创造更卓越的业绩。

十二、应变能力

在职业素养中,应变能力不可或缺。企业危机来临之际怎么处理?怎么防范危机和减少危机的影响?中国传统文化经典对此亦有深刻阐释。《道德经》中言:"祸兮福之所倚,福兮祸之所伏。"这说明事物是不断变化的,职场人要有居安思危、处变不惊的能力,面对突发状况,能冷静分析,灵活应对。"兵无常势,水无常形"强调形势的多变性,如同用兵作战没有一成不变的态势,流水没有固定的形状。在职场中,具备应变能力的人才能在复杂多变的情境中妥善处理问题,保持工作的顺利进行。职场人应汲取中华优秀传统文化中的智慧,不断提升应变能力,以更好地适应职业发展的需求。

综上所述,职业素养的源泉来自中华优秀传统文化,职场人要以其为靶向,在工作中践行。

第二篇
职业的社会发展价值观

第四章

职业与社会结构

第一节 职业的形成与分类

职业，作为社会分工的具体体现，其形成与分类并非偶然，而是与社会发展紧密相连的。

一、职业形成的因素

1. 社会分工的推动

社会分工是职业形成的核心驱动因素之一。在人类社会早期，生产活动相对简单且单一，人们大多从事狩猎、采集和简单农业生产等活动，没有明显的职业分化。随着生产力的发展，尤其是农业革命和工业革命的相继到来，生产效率大幅提高，人们能够专门从事某一类生产活动。例如：在农业社会，一些人开始专门从事农具制造、农产品加工等与农业相关但又具有专业性的工作；工业革命带来的机械化大生产，更是细化了生产流程，催生出大量新的职业，如纺织工人、机械工程师、火车司机等。分工不仅提高了生产效率，还使需要不同技能的工作逐渐固定化，形成了各种职业。

进入智能时代，社会分工被赋予了新的内涵和维度。人工智能技术的飞速发展使得信息处理、数据分析和模式识别能力呈指数级增长，进而引发了深刻的分工变革。

在生产制造领域，除了传统的工程师和技术工人，还出现了专门针对工业机器人编程和维护的 AI 工程师，他们负责确保智能生产设备的精准运行和高效协作。这些专业人员需要掌握机器学习算法、自动化控制原理和复杂的编程技术，与传统机械工程师协同工作，以优化生产流程。

在医疗行业，分工进一步细化。除了医生和护士等传统医护角色，还出现了医疗数据分析师这一新兴职业。他们借助人工智能算法对海量的医疗数据（包括病历、影像资料等）进行挖掘和分析，为医生的诊断和治疗方案提供支持。同时，AI 医疗研发人员致力于开发智能诊断系统和辅助治疗设备，利用深度学习模型来识别疾病特征和预测病情发展。

在金融领域，风险评估师的工作在 AI 影响下发生了变化，他们与人工智能算法专家合作。算法专家负责构建和优化风险预测模型，利用机器学习技术分析市场动态、客户信用数据等信息，而风险评估师则在模型基础上，结合自身专业知识和经验，解读和判断复杂的金融风险，制定相应的风险管理策略。这种新的分工模式使得金融风险评估更加精准和高效，同时也催生出了如金融 AI 伦理研究员之类的新职业，他们负责研究和规范金融领域中人工智能应用的伦理问题，确保技术的发展符合社会道德要求和法律规范。

教育领域也因 AI 发生变化，在线教育平台催生了教育内容推荐工程师这一新型职业。他们运用人工智能算法，根据学生的学习习惯、兴趣爱好和知识掌握程度，为学生推荐个性化的学习内容和课程路径。此外，还有智能教育系统的研发人员，他们将教育学原理与人工智能技术相结合，开发出能够与学生互动、自适应调整教学内容的智能教育产品，与教师共同构成了新型的教育生态，推动教育方式向更加智能化和个性化的方向发展。这些新的分工形式都是智能时代社会分工精细化的生动体现。

2. 技术进步的影响

技术的不断进步对职业形成有着深远影响。每一次重大的技术突破都会创造出新的职业需求，同时重塑原有职业的形态。

以信息技术为例，计算机技术的发展和互联网的普及，产生了软件工程师、网络管理员、数据分析师、电子商务运营者等一系列新兴职业。而在智能时代，这种影响更为深刻。人工智能技术与信息技术的融合，催生了如人工智能训练师这一全新职业。他们负责标注和处理大量的数据，训练机器学习模型，使算法能够准确地识别图像、语音、文本等信息。还有 AI 芯片研发工程师，专注于设计和开发能够高效运行人工智能算法的芯片，以满足日益增长的计算需求。

同时，技术进步也会改变原有职业的内涵和工作方式。例如，传统印刷工人的工作内容随着数字印刷技术的出现而发生了巨大变化，他们需要掌握新的数字化操作技能。又如，传统客服人员，如今需要与智能客服系统协作。他们不仅要处理智能客服无法解决的复杂问题，还要学习如何训练和优化智能客服系统，使其更好地回答客户的咨询。

医学领域的技术革新同样如此，先进的医疗设备和诊断技术催生了医学影像技师、基因检测分析师等新职业，而医生的诊疗手段和知识储备也因技术进步而不断更新。在 AI 医疗领域，这种变革较为显著。医生开始与 AI 辅助诊断系统协同工作，医学研究人员不但需要了解如何解读这些系统生成的诊断建议，同时还需要借助 AI 算法挖掘病历数据，寻找疾病的新线索。此外，还出现了专门负责维护和改进医疗 AI 系统的医疗信息工程师，确保系统在医疗环境中的安全、稳定运行，保障患者数据的安全。

再看交通运输行业，自动驾驶技术的发展正在重塑这个领域的职业格局。传统的司机职业面临转型，而与之相关的是，自动驾驶工程师、远程监控操作员等新职业应运而生。自动驾驶工程师负责开发和改进自动驾驶算法和系统，确保车辆在各种路况下安全行驶；远程监控操作员则在自动驾驶过程中，实时监测车辆运行状态，处理突发情况。

3. 经济发展与市场需求

经济发展水平和市场需求直接决定了职业的兴衰。在智能时代，这一规律在人工智能相关领域表现得较突出。

一方面，在经济繁荣时期，随着人工智能技术成为新的经济增长点，消费市场对智能化产品和服务的需求增加，从而极大地刺激了相关职业的发展。例如，因为智能家居市场的兴起，所以智能家居工程师这一职业应运而生。他们负责将人工智能技术融入家居设备，实现家居的自动化和智能化控制，满足消费者对便捷、舒适生活的追求。同时，智能语音助手的广泛应用，催生了语音交互设计师这一职业。他们设计自然流畅的人机对话流程和算法优化，以此提升用户与设备的交互体验。

在娱乐产业，随着经济发展和技术创新，基于人工智能的游戏开发成为热门领域。AI游戏策划师、游戏AI工程师等新职业出现。AI游戏策划师需要设计具有智能交互性的游戏情节和玩法，使游戏角色能够根据玩家的行为做出更智能的反应；游戏AI工程师则负责开发游戏中的人工智能算法，增强游戏的趣味性和挑战性，满足玩家对高质量游戏体验的需求。

此外，随着企业对提高生产效率和创新能力的追求，对人工智能在商业领域的应用需求也不断增长，从而带动了商业智能分析师这一职业的发展，他们利用人工智能算法分析市场数据、消费者行为等信息，为企业提供精准的商业决策建议。还有 AI 销售顾问，借助智能客户关系管理系统和预测分析技术，更准确地挖掘潜在客户，优化销售策略。

另一方面，在经济衰退或产业结构调整时，不仅一些传统职业受到冲击，而且人工智能相关领域的职业发展方向也会受到影响。例如，在某些劳动密集型产业向智能化转型的过程中，一些简单重复的工作岗位被智能机器人取代，如传统装配线上的工人数量减少。但与此同时，也促使相关人员向机器人维护工程师、自动化生产线编程员等与人工智能在工业应用相关的职业转型。企业注重成本控制和效率提升，对智能财务管理系统的需求增加，传统会计人员需要向熟悉 AI 财务分析工具的新型财务专业人员转变，以适应新的市场需求和就业方向。

总之，智能时代，经济发展与市场需求的变化加速了职业的更新换代，推动了劳动力向新兴的人工智能相关职业流动。

二、职业分类的方法

1. 国际标准职业分类

国际标准职业分类（International Standard Classification of Occupations, ISCO）是一种广泛应用的职业分类系统。它由国际劳工组织（International Labour Organization, ILO）制定，旨在为各国提供一个统一的职业分类框架，以便进行国际间的劳动力市场数据比较和分析。ISCO 将职业分为 10 个大类：管理人员，专业人员，技术和辅助专业人员，办事人员，服务与销售工作人员，农业、林业和渔业技工，手工艺及相关贸易工人，工厂和机器操作员及装配工，初级职业以及武装部队人员。每个大类下又进一步细分若干中类、小类和细类，这种分层结构涵盖了几乎所有的职业领域。例如，在专业人员大类下，又细分出科学和工程专业人员、健康专业人员、教学专业人员等中类，每个中类再根据具体的专业方向进一步细分，这种分类方式有助于各国在就业统计、职业培训和人力资源规划等方面的协调与沟通。

2. 国内常见的职业分类

按产业划分，职业可以按照第一产业、第二产业和第三产业划分。第一产业中的职业主要集中在农业、林业、畜牧业、渔业等领域。这些职业与自然资源的直接开发利用相关，如农民、果农、牧民、渔民等，他们直接依赖于土地、森林、草原和水域等自然资源，从事农产品、林产品、畜产品和水产品的生产活动。第二产业中的职业涵盖工业和建筑业。在工业中，包括从原材料加工到制成品生产的各个环节，如机械制造工人、纺织工人、化工工人等，他们在工厂中运用各种生产设备和技术将原材料转化为工业产品。建筑业职业则包括建筑工人、工程师、建筑师等，他们负责各类建筑物和基础设施的设计、施工和维护。第三产业中的职业涉及面广泛，包括商业、服务业、金融、教育、医疗、娱乐等领域，如售货员、服务员、银行职员、教师、医生、演员等。第三产业是随着经济发展和社会分工细化而迅速发展起来的，其职业特点是为社会生产和人民生活提供各种服务，对促进经济流通和提高人民生活质量有着重要作用。

按行业门类划分，我国依据国民经济行业分类标准，将职业划分为20个门类，如农林牧渔业、采矿业、制造业、电力热力燃气及水生产和供应业、建筑业、批发和零售业、交通运输仓储和邮政业、住宿和餐饮业、信息传输软件和信息技术服务业等。每个门类包含众多细分行业和相应职业。以信息传输软件和信息技术服务业为例，其包括软件和信息技术服务业、电信广播电视和卫星传输服务等行业，相关职业有软件工程师、网络工程师、电信业务员等。这种分类方式与我国的经济统计和产业发展规划紧密结合，有助于分析各行业的就业情况和人力资源需求。

3. 其他分类方式

按知识技能水平划分，职业可分为知识密集型职业、技术密集型职业和劳动密集型职业。知识密集型职业如科研人员、大学教授等，要求从业者具备深厚的专业知识和较强的创新能力，通常需要经过长期的高等教育和专业培训。技术密集型职业包括机械技师、电工等，这些职业需要从业者掌握特定的专业技术和技能，通过专门的职业教育或培训来获得。劳动密集型职业如流水线工人、保洁员等，对体力劳动的依赖程度相对较高，对知识和技术的要求相对较低，但同样需要具备一定的操作技能和工作经验。

按工作性质划分，职业可以分为脑力劳动者和体力劳动者。脑力劳动者主要从事思维性、创造性的工作，如管理人员、设计师、分析师等，他们的工作重点是运用知识和智慧进行决策、规划、设计和分析。体力劳动者更多地进行体力消耗性的工作，如建筑工人、搬运工等，但这并不意味着体力劳动者不需要脑力活动，只是体力劳动在其工作中所占比重较大。这种分类方式在一定程度上反映了工作的性质和对从业者能力的不同要求。

职业的形成和分类是一个动态且复杂的过程，它随着社会、经济和技术的发展而不断演变，是社会发展的必然结果。了解职业的形成因素和分类方法，对于个人的职业选择、职业教育规划及国家的人力资源管理和经济发展战略都有重要意义。时代在发展，职业的演变还将继续，职场人应积极适应这种变化，不断提升自己的能力，在各自的职业领域中绽放光彩，为社会的发展做出更大的贡献。

第二节　职业对社会结构的塑造

一、职业分化与社会分层的关联

1. 教育背景与职业分层

随着社会的发展，教育成为职业分化和社会分层的关键因素。高学历往往是从事高社会地位职业的敲门砖。例如，在金融领域，那些拥有顶尖商学院学位的人更容易进入投资银行等，这些领域不仅带来高额薪酬，还赋予从业者较高的社会声望。低学历者较多从事劳动密集型职业。这种基于教育背景的职业分层又会进一步影响社会资源的分配，高社会地位的职场人可能为子女提供更好的教育资源，形成一种代际传递的分层循环。

2. 技术变革与职业层级重构

技术变革持续重塑职业结构和社会分层。在数字化时代，自动化和人工智能技术的发展使一些传统职业消失，同时又创造了新的职业。比如，传统的打字员岗位因文字处理软件的普及而减少，但数据分析师、人工智能工程师等新职业应运而生。这些新职业需要从业者掌握前沿技术知识，位于社会分层的较高位置。技术变革引发的职业层级重构加剧了社会结构的动态变化。

3. 职业声望的多维影响因素

职业声望是社会分层中的一个重要维度，受多种因素影响。除了收入和教育要求外，职业的社会功能、历史文化传统也起作用。例如，科学家的职业声望一直很高，因为他们的研究对人类社会发展具有深远意义，尽管在某些情况下，科学家的收入并非最高。又如，神职人员在一些文化中具有特殊的地位，这种地位源于宗教信仰和文化传统赋予他们的神圣职责。这些因素相互交织，共同塑造了不同职业在社会分层中的位置。

二、职业群体与社会流动的互动

1. 职业培训与社会流动渠道拓宽

职业培训是打破职业壁垒、促进社会流动的重要途径。政府和社会组织开展的各类职业培训项目为社会成员提供了获取新技能的机会。例如,针对农村剩余劳动力的家政服务培训,使他们能够进入城市的家政服务行业,改善他们家庭的经济状况,实现从农村到城市、从农业到服务业的社会流动。再如,一些社区组织的计算机基础技能培训,帮助失业人员重新进入职场,有可能帮助他们实现从低技能职业向更具发展潜力的信息技术相关职业的转变。

2. 社会资本在职业与流动中的作用

社会资本在职业选择和社会流动中扮演着关键角色。拥有丰富社会资本的个体在获取职业信息、获得工作推荐等方面具有优势。家庭、朋友等社会关系网络可以为个人提供从事特定职业的机会。比如,在一些商业家族中,家族成员之间的人脉关系和商业资源共享,使得年轻一代更容易获得商业领域的高层管理职位。而缺乏社会资本的个体,可能需要通过自身努力和偶然机遇来突破职业限制,实现社会流动,这种差距进一步加剧了社会流动的复杂性。

3. 职业市场需求波动与社会流动不稳定性

职业市场需求波动对社会流动产生重大影响,使社会流动呈现出不稳定性。当某个行业蓬勃发展时,如近年来的新能源行业,其对相关专业人才的需求大增,吸引大量人员进入该行业,促使社会向上流动。然而,一旦市场需求下降,如传统煤炭行业在能源转型过程中的收缩,部分从业者面临失业或转行的困境,可能导致社会向下流动。这种因市场需求变化引起的社会流动波动,增加了社会结构的不确定性。

三、职业组织与社会网络的构建

1. 职业组织内部的权力结构与资源分配

职业组织内部存在复杂的权力结构，决定了资源在组织成员间的分配方式。在大型企业中，高层管理者掌握战略决策的权力，决定公司的发展方向和资源投入重点，这种权力往往与他们的职业地位和经验相关。而基层员工在资源分配中处于相对劣势地位，更多的是执行上级决策。这种权力结构影响组织内部的社会网络，信息往往沿着权力层级流动，不同层级成员之间的交流和资源共享存在一定障碍，同时也塑造了组织内部成员的职业发展路径。

2. 职业组织间的联盟与竞争对社会网络的拓展与重塑

职业组织间的联盟与竞争对社会网络有着深远影响。企业之间的战略联盟可以整合资源、拓展市场，这种联盟不仅是经济上的合作，还促进不同职业群体之间的交流与融合。例如，汽车制造企业与科技公司的联盟，使汽车工程师与软件工程师有更多的合作机会，拓宽双方的职业视野和社会网络。相反，行业之间的竞争可能导致职业组织间的壁垒加厚，资源分配更加集中。例如，不同国家的航空航天企业在国际市场上竞争激烈，促使企业加强自身内部的技术保护和人才垄断，对整个行业的社会网络发展产生一定的限制。

3. 职业组织在社会网络中的社会责任履行

职业组织在构建社会网络的过程中，承担着重要的社会责任。行业协会等组织可以通过制定公平的行业规范、保障从业者权益等方式，促进社会网络的健康发展。例如，纺织行业协会可以制定环保生产标准，规范企业的生产行为，保护从业者的健康和工作环境。同时，职业组织还可以组织公益活动，加强与社会其他群体的联系。比如，律师协会开展法律援助公益项目,不仅履行律师职业的社会责任,还在社会中树立良好的职业形象,拓展职业组织在社会网络中的影响力。

四、职业文化与社会价值观的塑造

1. 传统职业文化的传承与社会价值延续

许多传统职业文化在社会价值观的传承中发挥着重要作用。例如,传统手工艺行业,如陶瓷制作、刺绣等,它们承载的工匠精神是对技艺精益求精、对传统文化传承的坚守。这种工匠精神通过师徒传承、家族传承等方式延续下来,成为社会价值观的重要组成部分。它教育人们尊重传统、注重细节和追求卓越,即使在现代工业化社会,这种价值观念依然具有深刻的意义,影响人们对工作质量和文化传承的态度。

2. 现代职业文化的创新与社会价值更新

现代职业文化的不断创新,推动社会价值观的更新。在科技创业领域,创新文化鼓励从业者勇于尝试、敢于突破传统思维,催生出共享经济、零工经济等新的经济模式,改变了人们对工作和资源利用的观念。例如,共享经济模式下的职业,如网约车司机和民宿房东,体现了一种资源共享和灵活就业的价值观念。这种创新职业文化促使社会更加包容和开放,有助于从业者适应快速变化的时代环境。

3. 跨职业文化交流对社会价值观的整合与拓展

不同职业文化之间的交流和融合对社会价值观有着整合和拓展的作用。当医疗行业与艺术行业合作开展医疗艺术项目,如为医院设计艺术治疗环境时,医生的关爱生命文化和艺术家的创造力文化相互碰撞。这种跨职业文化交流不仅丰富两个职业的内涵,还让社会成员接触到更广泛的价值观念，使得社会价值观更加多元化和综合化，培养人们从不同角度理解和欣赏世界，促进社会的和谐发展。

总之，职业深深地嵌入社会结构的每一个角落与层面，其在社会阶层的划分、群体的构成等方面产生的影响深远且持久。职场人务必高度重视职业在构建社会基本框架过程中的核心地位，坚持不懈地推动职业的创新与发展，为社会的繁荣昌盛与持续发展铸就稳固的根基。

第五章

职业是推动社会进步的力量

本章主要探讨职业在社会发展中所扮演的关键角色，详细阐述不同职业领域如何通过各自的专业活动推动社会在科技、经济、文化等方面的进步。以科学家对知识边界的拓展、工程师对基础设施的建设、艺术家对文化氛围的营造等为例，说明职业活动是社会进步的重要驱动力，它们相互作用、相互促进，共同构建一个不断发展的社会体系。

第一节　科技创新与职业发展

在当今时代，科技创新已成为推动社会进步的核心力量，而职业发展则与之紧密相连、相互促进。

一、科技创新推动着职业与社会的发展

科技进步在职业发展中起着至关重要的作用。各行各业的专业人才不仅具备深厚的知识储备，还拥有精湛的专业技能和勇于创新的思维方

式，正是这些特质使得他们成为科技创新不可或缺的主要驱动力。正如古代先贤在《论语》中深刻阐述的那样："工欲善其事，必先利其器。"这句话用来形容职场人在科技进步中的角色再恰当不过。不同领域的职场人，各自在特定的领域里，通过持续不断的研究、反复的实验以及勇于挑战未知的探索，共同为科技领域的突破和创新打下坚实的基础。科学家在实验室里孜孜不倦地工作，他们追求的是对自然规律的更深层次理解；工程师则致力于将科学理论转化为实际应用，他们的工作让科技真正服务于社会；企业家则凭借其敏锐的市场洞察力，将创新的科技成果推向市场，从而实现科技与经济的完美结合。正是这些职场人各司其职、相互协作，才共同推动科技不断进步，社会不断发展。 回顾历史，不难发现，每一个伟大的科技创新背后，都离不开无数职场人的辛勤付出。从牛顿对物理学原理的深入剖析，到爱迪生发明电灯为人类带来光明；从居里夫人对放射性元素的勇敢探索，到现代科学家在基因编辑技术领域的开创性工作，这些成就都是职场人用他们的智慧和汗水换来的。他们的工作不仅为人类社会的发展开辟新的道路，更让人们对未来充满了无限的期待。

二、科技发展对职业变革产生了深远影响

科技的进步产生新的生产方式、商业模式和社会需求，从而催生出一系列新的职业。例如，随着信息技术的飞速发展，数据分析师、人工智能工程师等职业应运而生。同时，科技的发展也促使传统职业不断转型升级，以适应新的形势和要求。《周易·系辞下》中的"穷则变，变则通，通则久"体现了事物发展到一定阶段需要变革以实现持续发展的道理，强调灵活应变、积极求变的重要性，对人们的思维方式和行为模式有着深远的影响。科技的变革如同催化剂，促使职业领

域发生深刻的变化，那些能够敏锐地把握科技趋势、积极适应变革的职场人，将在新的时代中获得更广阔的发展空间和机遇。就如同工业革命时期，传统的手工业者面临着机器生产的冲击，但也有许多人成功转型成为工厂工人或技术人员，继续在新的生产模式下发挥着重要作用。

三、科技发展为职业发展提供更广阔的平台和更强大的工具

在科技日新月异的今天，科技的发展已为职业发展注入前所未有的活力。先进的技术手段如同智慧的翅膀，使职场人能够在追求事业的征程中飞得更高、更远。这些技术不仅让职场人能够更高效地完成工作任务，更在无形中提升了工作质量和效率，为职业道路铺设坚实的基石。在线教育平台的兴起，让知识的海洋浩瀚无垠。无论是身处繁华都市，还是偏远乡村，只要有网络，知识的甘泉便能随时滋润每一个渴望学习的人士的心灵。这种便捷的知识传播方式，无疑为职场人的终身学习和进步提供极大的便利。与此同时，远程办公技术的广泛应用也打破了地域的限制。无论身处何地，只要有稳定的网络连接，便能与团队无缝对接，高效决策，共创未来。不仅为职场人提供更为灵活的工作方式，也为企业节省成本，提高整体运营效率。而虚拟现实（VR）和增强现实（AR）技术的迅猛发展，更是为培训和工作带来革命性的变革。通过这些技术，职场人可以身临其境地在各种工作场景中进行实战演练，从而更快地掌握专业技能，提升工作水平。这些令人瞩目的科技成果，无疑为职场人的成长和发展提供了强有力的支持。以设计师为例，他们利用先进的计算机辅助设计软件，轻松绘制出精美的作品，大大提高工作效率和创作质量。医生能借助先进的医疗设备，更准确地诊断疾病，为患者带来更好的治疗方案。教师可以通过网络平台与学生实时互动，让教

学变得更加生动有趣。科技已经渗透到职业发展的每一个角落,为职场人的职业发展增添了力量。

总之,科技创新带来社会进步,也为职业发展创造良好的外部环境。社会财富的增加带动各类职业的发展,促进职业的多元化和繁荣。科技创新与职业发展相辅相成、互为因果。职场人应该深刻认识到科技进步推动职业发展,同时积极拥抱科技发展所带来的职业变革,不断提升自身的专业素养和适应能力,在科技创新的浪潮中把握机遇、实现自我价值,为社会的发展和进步贡献力量。《周易》中说:"天行健,君子以自强不息。"职场人要以积极进取的精神,在科技创新与职业发展的道路上不断前行。无论是科技的创新突破,还是职业的转型升级,都需其保持对知识的渴望、对创新的追求和对未来的信心。

第二节 经济增长与职业发展

在当今社会的复杂经济体系中,经济增长与职业贡献紧密相连,相互作用,共同推动社会的进步与发展。

一、不同职业通过各自独特的方式为经济增长做出重要贡献

农民辛勤耕耘,春播秋收,确保粮食的稳定供应,正所谓"民以食为天",农业生产是经济的基础,为人们提供生存和发展的根本保障。农产品不仅满足国内的需求,还远销海外,为国家的经济发展提供有力支撑,注入强劲动力。工人在工厂中忙碌,制造各种产品,从日常用品到大型机械,他们的劳动成果满足人们的生活需求,推动工业经济的发展。恰如《荀子·劝学》中所言"不积跬步,无以至千里;不积小流,

无以成江海",每一个零部件的生产、每一道工序的完成,看似微小,却是构建庞大工业体系的关键基石。工人凭借精湛的技艺和高度的责任心,让生产线高效运转,为经济的持续增长提供强大动力。

　　服务业的从业者以热情和专业的服务满足人们多样化的需求。教师"传道授业解惑",培养未来的人才,为经济发展提供智力支持。他们用知识的火种点燃学生们的求知欲望,为社会输送了一批又一批有理想、有能力的建设者,成为推动经济增长的潜在力量源泉。医护人员救死扶伤,守护人们的健康,让劳动者能够以良好的状态投入工作。他们在病房中穿梭忙碌,在手术台上争分夺秒,为人们的生命健康保驾护航,健康的劳动力是经济发展的重要保障,医护人员的付出功不可没。销售人员穿梭于市场,促进商品的流通和交易。他们凭借敏锐的市场洞察力和出色的沟通能力,将产品推向更广阔的市场,让企业的效益得以提升,从而推动整个经济链条的顺畅运转。这些职业的存在和从业者的努力,使得经济活动更加活跃和顺畅。

　　科研人员凭借创新的思维和不懈的探索,推动技术进步,为经济增长带来新的增长点。《礼记·大学》中云:"苟日新,日日新,又日新。"科技创新如同经济发展的引擎,不断驱动产业的升级和转型。从互联网的普及到人工智能的兴起,从基因编辑技术的突破到新能源的开发利用,每一次科技变革不仅催生了新职业,还促使传统职业升级。科研人员在实验室中埋头苦干,攻克一个又一个技术难题,他们的成果转化为实际的生产力,为经济增长注入强大的创新动力。

二、经济的发展又对职业需求产生深远的影响

　　经济的发展对职业需求的演变产生深远影响。随着社会财富的持续累积,人们的生活水平和消费观念不断提高,他们对产品和服务的需求

日益呈现出多样化和高端化的趋势。这种变化不仅催生众多新兴职业，还推动传统职业的升级与转型。以电子商务为例，这一行业的迅猛崛起，直接带动了电商运营、物流配送等一系列相关行业的快速发展。电商运营人员凭借数据分析能力和创新的营销策略，为消费者打造便捷、有趣的线上购物体验。物流配送人员辛勤奔波在路上，确保每一件商品都能准时、准确地送达消费者手中，让购物的乐趣不受任何阻碍。同时，随着人们对生活品质追求的提升，营养师、健身教练等职业逐渐走进大众视野，并受到越来越多的关注和青睐。营养师运用专业知识，为人们量身定制科学合理的饮食计划，帮助他们在快节奏的生活中保持健康的体魄。健身教练通过专业的指导和科学的训练方法，帮助人们塑造健美身材，提升身体素质，希望每一个人都能以最佳的精神状态迎接生活中的挑战。这些职业不仅为经济发展注入新的活力，更在无形中满足人们在物质和精神层面不断提升的需求。

三、经济发展也推动了职业结构的调整和优化

经济的蓬勃发展，如同一股不可阻挡的洪流，正推动职业结构进行深刻的调整与优化。在这场变革中，一些传统的劳动密集型产业，在技术进步的浪潮中逐渐失去往日的辉煌，与其相关的某些职业慢慢减少甚至被淘汰。然而，"沉舟侧畔千帆过"，在这些产业衰落的同时，知识密集型和技术密集型产业如千帆竞发，不断壮大，展现出勃勃生机。同时，职业领域这个庞大的生态系统，也在经历着持续的新陈代谢。"病树前头万木春"，无法适应经济发展新要求的职业，正逐渐退出历史舞台，而能够紧跟时代步伐，不断创新和提升的职业如同春天的万木，充满生机与活力，蓬勃发展。在职业结构的调整与优化中，每一个职场人都面临着前所未有的挑战与机遇。只有能够敏锐捕捉经济发展潮流，不

断提升自身能力和素质的人,才能在激烈的竞争中站稳脚跟,甚至脱颖而出。这不仅需要职场人具备高度的自我驱动力和学习意愿,更需要他们勇于接受新事物,敢于挑战自我。值得一提的是,教育和培训体系在这场变革中扮演至关重要的角色。它们如同职场人的加油站和修炼场,为其提供源源不断的学习和进步的机会。通过这些体系,职场人能够汲取新知识,掌握新技能,从而更好地适应职业结构的变化,迎接未来的挑战。在这个日新月异的时代,只有不断学习,不断进步,职场人才能在事业的道路上走得更远、飞得更高。

四、经济发展为职业发展提供更广阔的空间和优越的条件

经济的蓬勃发展提升了人们的收入水平,使他们能够拥有更多的资源去投资自身,提升自己,不仅让其有更多的选择余地,也极大提升了他们的发展潜力。在这样的背景下,职场人参加各种培训课程、购买专业书籍和先进工具,不断储备知识和提升自己的专业技能。与此同时,更完善的教育和培训体系也为职场人的成长提供有力保障。从基础教育到高等教育,这一体系如同一座金字塔,为职场人打下坚实的知识基础。而职业培训和继续教育,就像一条条输送带,源源不断地为职场人输送新知识、新技能,持续提升他们的专业素养。此外,更开放和包容的社会环境也为职场人的成长注入新的活力。在这样的环境中,创新理念和实践受到广泛的关注,职场人得以在更广阔的舞台上展示自己的才华和创意,他们不再拘泥于传统的思维模式和工作方式,而是勇于挑战自我,敢于尝试新事物,从而在经济发展的大潮中乘风破浪,实现自我价值的最大化。

总之,经济增长与职业发展相互依存、相互促进。各种职业通过生产、服务等活动为经济增长注入源源不断的动力,而经济发展反过来塑

造职业的形态和需求。职场人应该深刻认识到这一相互关系，积极推动职业的发展和创新，以更好地适应经济发展的要求，同时利用经济发展的机遇不断提升职业价值和意义。在此过程中，要秉持积极进取、开拓创新的精神，如同《论语》中所说的"士不可以不弘毅，任重而道远"。不断追求卓越，为经济的繁荣和社会进步贡献自己的力量，共同创造更加美好的未来。无论是在农业领域辛勤耕耘的农民，还是在工业领域精益求精的工人，无论是在服务业领域热情服务的服务人员，还是在科研领域勇于探索的科研人员，每一个职业都在为经济增长和社会发展添砖加瓦。

第三节　文化传承与职业使命

文化，如同一条源远流长的河流，承载着一个民族的智慧、情感与记忆。在中国这片广袤的土地上，优秀传统文化历经岁月洗礼，依然熠熠生辉。文化传承，是一项至关重要的使命，需要众多职场人共同肩负起这一重任。

一、古代文化的传承者

在古代，文人墨客扮演着重要的文化传承角色。他们以诗词歌赋为笔，书写着时代的风貌和民族的精神。例如，李白以其豪放飘逸的诗篇，展现了大唐盛世的气象与人们对自由、理想的追求。文人通过创作、整理古籍、讲学等方式，将文化的火种代代相传。他们不仅仅是文学的创作者，更是文化传承的使者，使得中华文化在历史长河中不断延续和丰富。

又如，史官这一古老的职业，肩负着记录历史的重大使命。从司马迁忍辱负重撰写《史记》开始，史官秉持着公正、客观的态度，为后人留下了一部部珍贵的史书。他们用如椽巨笔，记录王朝的兴衰、英雄的事迹和百姓的生活，使中华民族数千年的历史得以清晰地呈现在我们面前。这些史书不仅是对过去的记载，更是文化传承的重要源泉，蕴含着治国理政的智慧、道德伦理的规范和民族精神的内涵。

传统手工艺人也是文化传承的关键力量。例如，景德镇的陶瓷工匠，世代传承着精湛的制瓷技艺，从选料、制坯到绘画、烧制，每一个环节都蕴含着深厚的文化底蕴。他们制作的精美瓷器，不仅是生活用品，更是艺术珍品，承载着中国古代文化中对美的追求和对工艺的执着。这些手工艺品远销海外，成为传播中国文化的重要媒介，让世界领略了中国文化的独特魅力。

二、现代文化的传承职场人

在现代社会，文化传承依然离不开各类职场人的努力。教育工作者承担着培养新一代文化传承人的重要责任。他们在学校里，将传统文化知识融入课程教学，讲解经典文学作品、历史故事、传统艺术等内容，激发学生对传统文化的兴趣和热爱。例如，一位优秀的语文教师，会引导学生深入理解古诗词的内涵，让学生感受到古人的情感世界和审美情趣。同时，教育工作者还组织各种文化活动，如传统节日庆祝、文化展览等，让学生在实践中体验和传承文化。

博物馆馆员也是文化传承的重要角色。他们精心策划展览，展示和解读文物，将历史文化呈现在参观者眼前。例如，故宫博物院的工作人员，深入研究和仔细保护故宫文物，并举办各种主题展览。从宫廷文物展到古建筑艺术展，每一个展览都是对传统文化的一次生动呈现。他们还利用现代科技手段，如虚拟现实、数字导览等，让参观者更深入地了解文物背后的故事，使古老的文化在现代社会焕发出新的活力。

文化产业从业者则以创新的方式推动文化传承。影视导演拍摄历史题材的影视作品，将历史故事搬上荧幕。例如，《康熙王朝》《大秦帝国》等历史剧，以精彩的剧情和精良的制作，展现了古代王朝的兴衰和历史人物的风采，让更多的人了解和关注中国历史文化。此外，游戏开发者也在文化传承方面发挥着积极作用。一些以传统文化为背景的游戏，融入了古代神话、历史故事等元素，让玩家在娱乐的同时，学习和感受传统文化的魅力。

在建筑行业，设计师从传统文化中汲取灵感。中国传统建筑如故宫、苏州园林等蕴含的对称美学、天人合一理念以及独特的榫卯结构等元素，被巧妙地运用到现代建筑设计中。例如，贝聿铭先生设计的苏州博物馆新馆，将现代几何造型与江南水乡的白墙黛瓦、庭院回廊等传统建筑特色相融合，使这座建筑既具有现代的简洁感，又洋溢着浓郁的传统文化气息。它不仅是一座博物馆，更是传统文化与现代建筑艺术结合的典范，让古老的建筑文化在新时代的建筑中获得新生，同时也赋予了建筑这一职业更深层次的文化内涵。

在时尚领域，设计师将传统文化元素融入服装设计。中国的传统服饰文化，如汉服的交领右衽、宽袍大袖，以及精美的刺绣、织锦工艺等，都成为时尚界的灵感源泉。许多国际知名品牌纷纷推出带有中国元素的服装系列，而国内的设计师也在积极挖掘传统文化宝藏，设计出既具有民族特色又符合现代审美潮流的服装。比如，有的设计师将传统的龙凤图案与现代的剪裁方式相结合，使传统图案在现代服装上展现出全新的魅力，既传承了文化，又推动了时尚行业的发展，让传统文化在时尚的舞台上大放异彩，也为时尚职业注入独特的文化灵魂。

科技行业虽然看似与传统文化距离较远，但实际上也深受其影响。例如，在软件开发中，一些具有中国文化特色的游戏、教育软件不断涌现。以中国神话为背景的游戏，融入《山海经》中的奇珍异兽、神仙鬼怪等元素，通过精美的画面和精彩的剧情，让玩家在游戏过程中了解中国神话。在互联网教育领域，有针对传统文化的在线课程，其利用现代科技手段，如动画、虚拟现实等，生动地讲解古诗词、传统礼仪等内容，让传统文化在科技的助力下更广泛地传承和发展，也为科技职业赋予了传承文化的新使命。

在企业管理领域，传统文化智慧也发挥着重要的赋能作用。儒家强调"仁、义、礼、智、信"，这些价值观在企业管理中有着深刻的体现。以"仁"为例，企业管理者将其理解为对员工的关怀和尊重，营造一个和谐、人性化的工作环境。管理者关心员工的生活和职业发展，能够激发员工的忠诚度和工作积极性。"义"则体现在企业的社会责任上，企业秉持正义，在商业活动中遵守道德规范，不追求短期利益而损害社会利益。道家的"无为而治"思想也为企业管理提供了独特视角。"无为而治"并非指管理者无所作为，而是不过度干预企业的运营，给予员工足够的自主性和创新空间。例如，一些互联网科技企业采用扁平化的管理结构，减少层级之间的束缚，鼓励员工自由发挥才能，员工在实现自我价值的同时为企业带来创新活力。这种管理方式正是借鉴道家思想中顺应自然、尊重个体发展的智慧。兵家的战略战术思想在企业竞争战略制定中也有广泛应用。《孙子兵法》中的"知己知彼，百战不殆"，促使企业管理者深入了解市场动态、竞争对手情况及自身优势和劣势，从而制定出精准的市场竞争策略。企业面对复杂多变的市场环境时，就像在战场上指挥作战一样，需要运用智慧和谋略，而传统文化中的兵家思想则成为企业在商战中获胜的智慧源泉。

总之，文化传承与职业使命紧密相连，每一个职业都有独特的价值和作用。职场人要在各自的岗位上共同努力，为文化传承贡献自己的智慧和力量，让中华优秀传统文化在世界文化之林屹立不倒，让文化瑰宝在历史的长河中熠熠生辉，永远流传下去。

第六章

职业的社会责任与伦理

第一节 职业对社会协同发展的作用

一、从个体角度剖析职业价值

从个体角度来看,职业绝非仅是获取经济收入的简单手段,它更像是一座蕴藏无尽宝藏的宝库,是实现自我价值、提升个人能力与素养的重要平台。这正与《周易》中"天行健,君子以自强不息"所传达的精神相契合。在现实生活中,那些在各自职业领域中拼搏奋斗的人们,宛如繁星般闪耀,他们以坚韧不拔的精神,在职业发展的征途上不断追求进步。

科学家便是其中的杰出代表。他们如同无畏的探索者,全身心地投入科研工作,在一方小小的实验室里,不知疲倦地进行着无数次的实验和研究,每一个数据都是他们前行的脚印,每一次突破都是对人类知识边界的一次有力推动。袁隆平院士就是这样一位伟大的科学家,他将自己的一生都奉献给了农田。在广袤的土地上,他头顶烈日、脚踩泥土,几十年如一日地研究杂交水稻。他的努力不仅实现了自己的人生价值,更为全球粮食问题的解决带来希望的曙光。每一株茁壮成长的水稻,都是他对人类的巨大贡献,也是他在职业中追求至善的生动体现。

教师则以另一种伟大的姿态诠释职业的意义。"桃李不言，下自成蹊"，他们用知识的甘霖滋润着学生的心田，用品德的光辉照亮学生前行的道路。他们传授的不仅是书本上的知识，更是为人处世的道理和对世界的认知。在日复一日的教学中，他们见证学生的成长与蜕变，看着自己培养出的一批又一批人才走向社会，成为各行各业的栋梁之材。这种成就感和满足感是无法用金钱衡量的，是他们在职业中收获的最宝贵的财富。同时，在这个过程中，教师自身也在不断成长。他们在专业知识的讲解中深化对学科的理解，在与学生的沟通交流中提升沟通能力，在与同事的协作中增强团队协作精神。职业，让他们在各个方面不断完善自我，成为更优秀的人。

二、从社会视角审视职业意义

从社会角度而言，职业的合理分布和健康发展就像一座大厦的基石，对于社会的稳定、公平与和谐有着至关重要的意义。正如《论语》中所云："不患寡而患不均，不患贫而患不安。"不同职业如同大厦的不同构件，它们的存在满足了社会各方面的需求，共同构建起一个完整的社会体系。

医生，是守护人们健康的天使。正如孙思邈所强调的那样，他们肩负着"人命至重，有贵千金"的神圣使命。在医院的病房和手术室里，他们用精湛的医术和高尚的医德履行着救死扶伤的职责。每一次的诊断、每一台手术，都是他们与病魔的一场激烈战斗。他们，让人们在病痛中看到希望，在脆弱时拥有依靠，是社会健康防线的坚实守护者。

警察，则是社会秩序的捍卫者。他们穿梭在城市的大街小巷，无论是烈日炎炎还是寒风凛冽，都坚守在维护社会安全的岗位上。他们如同黑夜中的明灯，让违法者无所遁形，保障着人民生命和财产安全。他们，为社会的稳定发展创造了良好的环境，是社会安定的坚强后盾。

工人，是社会运转的默默支撑者。"工欲善其事，必先利其器"，他们以勤劳的双手和精湛的技艺，生产着生活所需的物资。从高楼大厦的一砖一瓦到日常生活中的一针一线，都凝聚着他们的辛勤劳动。他们，看似平凡，却如同机器中的齿轮，虽小却不可或缺，有力地支撑着社会的正常运转。

只有当各种职业相互配合、协同发展，如同交响乐中的各个乐器共同奏响和谐的乐章，才能构建起一个稳定、有序的社会结构。而且，职业的公平发展就像阳光普照大地，能够为人们提供平等的机会。无论出身贫富、无论地位高低，每个人都能在公平的职业环境中，通过自身的努力实现自身价值。这种公平性如同润滑剂，能够减少社会矛盾，促进社会的公平与和谐，让社会这辆大车在发展的道路上平稳前行。

三、职业对社会协同发展的推动作用

职业如同社会发展的齿轮，各个行业紧密协作，驱动社会向前。俗话说"民以食为天"。农民这一古老的职业，为社会提供了生存的基本保障。他们辛勤劳作，遵循着"春耕、夏耘、秋收、冬藏"的自然规律，不仅养活了无数人口，也孕育了丰富的农耕文化。这种文化又影响社会的价值观、风俗习惯等，使社会围绕农业生产形成稳定的结构。

在商业领域，《史记·货殖列传》记载了众多商业活动和商人的智慧。商人在促进货物流通和经济繁荣方面发挥了关键作用。他们走南闯北，将不同地区的物资汇聚流通，满足了人们多样化的需求，带动了城市的兴起和发展，创造了大量的就业机会。商业的繁荣推动社会经济的多元化，加强各地区间的联系，促进了文化的交流与融合。

工业革命以来，工程师、工人等职业群体崛起。工程师凭借专业知识设计出先进的生产工具和工艺流程，工人则用勤劳的双手将设计变为现实。正如《考工记》所强调的"知者创物，巧者述之守之"，他们共同推动生产力的巨大飞跃，使社会面貌发生翻天覆地的变化，为现代社会的发展奠定坚实的物质基础。

总之，职业对个体和社会发展有着协同促进的重要作用。职场人应深刻认识到这一点，并通过各种努力，推动职业发展与社会发展的紧密结合。就像一幅精美的画卷，每一个个体都是其中独特的色彩，当每一个个体都能在职业中找到自己的价值和归属，这幅画卷将变得更加绚丽多彩。每一个个体在实现自身价值的同时，也为社会的进步和发展贡献着力量，最终实现个体幸福与社会繁荣的共赢局面。《中庸》所言："致中和，天地位焉，万物育焉。"只有达到这种和谐的状态，社会才能不断迈向更加美好的未来，如同"苟日新，日日新，又日新"所描绘的那样，持续焕发出新的活力与光彩，在时代的浪潮中不断前行。

第二节　职业对社会可持续发展的作用

中国悠久灿烂的传统文化经典宝库，蕴含着诸多关于责任与发展的深邃智慧。《论语》中的"己所不欲，勿施于人"，不仅仅是为人处世的道德准则，更在职业行为与社会发展的宏观层面有着至关重要的指导意义。

不同职业在资源利用和环境保护等与可持续发展息息相关的方面肩负着不可替代的重要责任。以工业生产领域为例，从事这一行业的人员在整个生产链条中扮演着关键角色。他们应当时刻秉持"取之有度，用之有节"这一古老而智慧的原则。在原材料的获取上，要充分考虑资源的有限性，不能毫无节制地开采；在生产过程中，应通过优化工艺流程、改进技术设备等方式，尽量减少废弃物的排放和对能源的过度消耗，避免对环境造成严重污染。只有这样，才能确保资源的可持续利用，为社会的长远发展筑牢根基。正如《大学》中所说的"物格而后知至"，工业生产者需要深入探究生产过程中的每一个环节、每一种材料和能源的本质属性，了解它们与环境和资源的内在联系，从而找到可持续发展的有效路径。例如，在金属加工行业，通过研究新型的冶炼技术，降低对高纯度矿石的依赖，提高废渣的回收利用率；在化工生产中，研发更环保的催化剂和反应条件，减少有害物质的生成。

农业作为人类生存的根基产业，农业工作者更需要遵循自然规律，将"天人合一"的理念深深融入日常劳作中。土地是农业的命脉，而生态环境则是农业可持续发展的保障。他们应采用绿色、可持续的种植和养殖方式，避免过度使用化肥、农药，防止土地板结和土壤污染。在灌溉方面，要依据水资源的实际情况，采用节水灌溉技术，避免水资源的浪费。例如，一些地区的农民采用滴灌、喷灌技术代替传统的大水漫灌，既保证农作物的生长需求，又节约水资源。在养殖过程中，合理规划养殖规模和密度，减少养殖对周边环境的影响，保护周边的水域和土壤不受污染。农业工作者以自己的行动践行对土地和生态环境的责任，守护着人类生存的基础。

科技工作者站在时代发展的前沿，肩负着为可持续发展提供技术支撑的重大使命。他们应努力研发环保技术和新能源，以应对资源短缺和环境问题。在环保技术研发方面，如开发更高效的污水处理技术、大气污染净化技术等，让工业生产和人类生活对环境的负面影响降到最低。在新能源领域，积极探索太阳能、风能、水能、核能等清洁能源的更优利用方式，降低生产生活对传统化石能源的依赖。科技工作者需要具备"苟日新，日日新，又日新"的创新精神，不断突破技术瓶颈，追求更先进的解决方案。每一次技术的创新和突破，都如同在可持续发展的道路上点亮一盏明灯，推动整个社会朝着更加环保、资源利用更高效的方向前进。

而在当今科技发展的浪潮中，人工智能的兴起与发展成为一个不可忽视的重要现象，对社会可持续发展产生着深远的影响，并在资源管理和环境保护中展现出了巨大的潜力。人工智能就像一个拥有无穷智慧的管家，能够精准分析和预测资源的需求与分布情况。通过收集和处理海量的数据，人工智能可以为资源的优化配置提供科学依据。例如，在城市能源供应系统中，利用人工智能技术可以实时监测各个区域的能源使用情况，根据不同时段、不同用户的需求，合理调配电力、燃气等能源，实现能源利用效率的最大化。这恰似《周易·系辞下》中的"穷则变，变则通，通则久"，人工智能以其创新的方式为可持续发展注入了新的活力。同时，在环境保护方面，人工智能可以用于监测森林覆盖变化、海洋生态系统健康状况、大气污染扩散等。通过卫星遥感数据和地面传感器网络，及时发现环境问题的早期迹象，为采取相应的保护措施争取时间。

然而，人工智能的发展并非一帆风顺，也带来了一些挑战。数据安全问题如同一把悬在头顶的达摩克利斯之剑，随着人工智能对大量数据的依赖，数据的泄露、篡改等风险会对个人隐私、企业利益乃至国家安全造成严重威胁。此外，就业结构调整也是一个不可忽视的问题。人工智能在一些领域取代部分人力劳动，可能导致部分人员失业，进而引发社会结构的变化。面对这些问题，我们需要以"中庸之道"来谨慎对待，寻求平衡与和谐。在发展人工智能的同时，加强数据安全立法和监管，提高技术防护水平；对于就业问题，加强职业培训和教育转型，帮助人们适应新的就业环境，将人工智能对社会的冲击降到最低。

教育工作者作为人类灵魂的工程师，要将可持续发展的理念融入教育教学的每一个环节。从幼儿教育到高等教育，都应当注重培养学生的环保意识和责任感。正如《礼记》中的"师也者，教之以事而喻诸德也"，教师不仅要传授知识，更要通过具体的事例和实践活动，让学生明白保护环境、珍惜资源的重要性。在课程设置上，可以增加环境保护、资源科学等相关内容，通过课堂讲解、实验演示、实地考察等方式，让学生直观地了解人类活动对地球的影响以及可持续发展的必要性。同时，鼓励学生参与环保公益活动，培养他们的社会责任感，让未来的社会建设者从小就在心中种下可持续发展的种子，随着他们的成长，这颗种子将长成参天大树，为社会的可持续发展提供源源不断的动力。

国家治理者作为社会发展的掌舵人，更要高瞻远瞩，制定科学合理的政策和规划。他们需要站在宏观的角度，统筹考虑经济发展、社会公平和环境保护等方面的因素。在政策制定方面，通过财政、税收等手段鼓励企业采用环保生产技术、发展绿色产业；加大对科研机构研发可持续发展技术的支持力度；在城市规划中，充分考虑资源的循环利用和生态保护，建设更多的绿色空间和环保基础设施。他们要做到"治国有常，而利民为本"，将人民的长远利益和社会的可持续发展作为政策制定的出发点和落脚点，引领社会朝着可持续发展的方向稳步前行。

为实现可持续发展这一目标，各职业需要像紧密咬合的齿轮一般协同合作。工业、农业、科技、教育等领域不能孤立发展，而是要形成一个有机的整体。在这个过程中，充分发挥每个人的主观能动性，无论是一线的生产者、科研人员，还是教育工作者、国家治理者，都要意识到自己是可持续发展大业中的重要一员，积极履行自己的责任，共同为建设资源节约型、环境友好型社会而努力，形成全社会共同参与、共同推进的良好局面。同时，对于人工智能这把双刃剑，要合理利用其优势，积极应对其挑战，让它更好地服务于社会可持续发展。只有这样，社会才能真正实现可持续发展，让子孙后代能够在一个山清水秀、资源丰富的美好地球家园中繁衍生息。《中庸》中云："万物并育而不相害，道并行而不相悖。"让各个领域的工作者携手共进，为社会的可持续发展贡献各自的力量，在历史的长河中书写人类与自然和谐共生的壮丽篇章。

第三节　职业伦理对社会生态健康的作用

在当今复杂多元且高速发展的社会，职业伦理已经远远超出简单的道德规范范畴，对社会生态的健康发展起到了至关重要的作用。职业伦理宛如一双无形却又极具力量的大手，不仅在行为层面上约束职场人的一举一动，更在潜移默化之中，深刻地塑造着整个社会的价值观和道德风尚，对社会生态的和谐与稳定产生深远影响。

一、职业伦理强化职场人的责任意识

各行各业坚守职业伦理的职场人，就像一群守护社会福祉的卫士。公共利益犹如高悬于头顶的璀璨星辰，时刻指引着他们的行动方向。在繁忙的医疗前线，医生深知自己承载着患者的康复希望，每一次诊断、每一个治疗方案都关乎他们的健康；在教育的神圣殿堂，教师清楚自己传授的知识和品德将塑造学生的未来，每一堂课、每一次辅导都在为社会培养希望的种子；在食品生产线上，工人明白自己的操作关系

到消费者的健康安全，每一个环节都不容有丝毫马虎。职场人都深刻地意识到，自己工作绝非仅是获取一份维持生计的报酬，更是承担整个社会福祉的责任。这种责任意识如同一股强大的内在驱动力，激励他们在工作中始终保持高度的敬业精神和专注度。在这种状态下，他们对待工作一丝不苟，不放过任何一个细节，就像技艺精湛的工匠雕琢传世珍宝一般。如此一来，无论是产品的质量还是服务的品质都能得到可靠的保障，消费者的权益也就有了坚实的护盾。当这种责任感在各个行业中普及和深化，就如同在市场环境中撒下了诚信与公正的种子，它们生根发芽、茁壮成长，有助于构建一个更加诚信、公正的市场环境，让商业交易不再是简单的利益博弈，而是建立在信任和公平基础上的互利共赢，从而促进社会生态朝着良性的方向蓬勃发展。

二、职业伦理有助于形成和谐的人际关系

在职场这个充满活力与竞争的小社会中，遵循职业伦理的职场人就像阳光一样，温暖着周围的每一个人。他们尊重他人，无论是上级还是下级，无论是同事还是合作伙伴，都一视同仁，平等对待。在这样的氛围中，歧视和偏见就像冰雪遇到暖阳一般消融。例如，在一家多元化的跨国企业中，不同肤色、不同文化背景的员工都能感受到彼此的尊重，大家不会因为国籍、种族或性别的差异而受到不公平的对待。尊重和平等为职场营造了一个公平、友善的工作环境。在这个环境里，大家能够相互理解，当同事遇到困难时，他人会主动伸出援手，给予支持；在面对共同的项目和任务时，又能紧密合作，发挥各自的优势。相互理解、支持和合作的关系，就像一根根坚韧的绳索，将团队成员凝聚在一起，使团队的凝聚力如同钢铁般坚固。团队凝聚力的提升又进一步促进了工作效率的显著提高，大家心往一处想、劲往一处使，工作不再是一种负

担，而是一种充满乐趣和成就感的集体行动。和谐的人际关系不仅是企业得以长远发展的重要保障，让企业在激烈的市场竞争中拥有强大的内部动力，同时也为整个社会生态的健康发展奠定了坚实的基础，如同稳固的基石，支撑起社会和谐发展的大厦。

三、职业伦理对于维护行业形象和公信力至关重要

一个行业的形象和公信力就像一座大厦的根基，是其在社会经济浪潮中持续发展的关键所在。当从业者普遍遵循职业伦理时，整个行业就会焕发出一种令人信赖的光彩。以金融行业为例，从业者严格遵守职业道德，保持信息透明、公正交易，那么公众眼中的金融行业就不再是充满风险和欺诈的领域，而是一个可以安心托付财富的地方。这种积极的行业形象会在社会中广泛传播，公众对该行业的信任也会增加。当人们信任一个行业时，他们会更愿意与之产生经济往来，无论是购买产品还是接受服务。信任和认可就像一把神奇的钥匙，不仅为行业打开了稳健发展的大门，让企业在市场中更容易获得客户和合作伙伴，还像一块强大的磁石，吸引着更多优秀人才投身其中。这些新鲜血液的注入为行业带来了新的思想、技能和活力，进一步推动行业在创新和进步的道路上大步前行。就像科技行业，良好的行业形象吸引了无数有才华的年轻人，他们带来的创新理念和技术不断突破行业的发展高度。

四、职业伦理在环境保护和可持续发展方面发挥不可忽视的作用

环境问题越发受到重视，越来越多的职业开始涉及环保和可持续发展这一关乎人类未来命运的重要领域。在这些领域中，职业伦理就像一面鲜艳的旗帜，要求从业者以高度的责任感和使命感去履行自己的职

责。例如，在环保科研领域，科学家夜以继日地研究新型环保材料和污染治理技术，他们的每一个实验、每一次数据采集都承载着他们对地球环境的深深关切。在可再生能源产业，工程师精心设计和改进太阳能、风能等发电设备，致力于提高能源转换效率，他们的每一个设计方案、每一次现场调试都是为了减少对传统化石能源的依赖和节约资源。这些从业者深知自己的行为对于保护环境、节约资源以及推动社会绿色发展的重大意义。这种伦理观念的普及和实践，对于维护地球生态平衡、保障人类未来的生存环境具有深远的意义，如同在荒芜的沙漠中开辟出一片片绿洲，为生命的延续和发展提供了可能。

综上所述，职业伦理在促进社会生态健康发展方面发挥着举足轻重的作用。它不仅关乎从业者的个人品德和职业操守，而且影响整个社会的道德风貌和发展方向。社会是朝着诚信、和谐、可持续的方向前进，还是陷入混乱、自私、短视的泥沼，其中它也发挥了作用。因此，管理者应该高度重视职业伦理的建设和推广，让每一位从业者都能深刻认识到自己的责任和使命。政府、企业、社会组织以及教育机构等各方应形成合力，通过制定法律法规、开展职业道德培训、宣传优秀案例等方式，让职业伦理深入人心。只有这样，我们才能共同为构建一个健康、和谐、可持续发展的社会生态贡献力量。

第三篇
职业的个人成长人生观

第七章

职业认知的三个层次

在当今社会，对于职业的认知可以划分为三个具有递进关系的层次，分别是将职业作为谋生的手段、将职业作为成就的事业和将职业作为崇高的使命。

第一节　将职业作为谋生的手段

在中华优秀传统文化中，勤劳一直是备受推崇的美德。自古以来，"勤能致富""勤有功，戏无益"等经典语句已经深深烙印在中华民族的集体记忆中。这些智慧不仅教导大家要通过辛勤劳动来创造财富，更体现了自给自足的谋生理念。

从事某种职业作为谋生和满足物质需求的途径，与传统文化中的勤劳精神不谋而合。通过工作赚取报酬，维持生计，提高生活品质，是职业最基础且重要的功能。正如古人所言"民生在勤，勤则不匮"，勤劳是民生之本，而职业正是勤劳的载体和平台，强调通过自身的努力和劳动来获取报酬，实现自我价值，不仅体现了个人的独立和自主，更体现了对社会责任的担当。

职业是谋生的手段。这是最基础和普遍的认知。对许多人来说，工作的首要目的是获取经济收入，以维持自身和家庭的基本生活需求。例如，一个普通的上班族，每天按时到公司打卡上班，完成领导交办的任务，只为了月底能拿到那份固定的工资来支付房租、水电费和日常生活开销。从这个理解维度看，人们选择职业往往基于薪资待遇、工作稳定性等因素。他们努力工作，追求的是能够获得足够的物质回报，保障生活的安定。然而，仅将职业视为谋生手段，可能导致人们在工作中缺乏激情和动力，只是机械地完成任务，缺乏对工作本身的热爱和投入。

当职业仅被视为谋生手段时，人的内在潜能的发挥往往受到一定程度的限制。《论语》中有言："富而可求也，虽执鞭之士，吾亦为之。"这句话表明，只要能够获得财富维持生活，即使从事执鞭这样看似平凡甚至低微的职业，也是可以接受的。它强调了职业在满足物质需求、保障生活方面的重要性，从侧面反映了职业作为谋生手段的基本属性。《孟子》中虽然没有直接关于这一主题的名句，但孟子所倡导的"民本"思想中蕴含着人民需要通过一定的方式来维持生计，而职业无疑是重要途径。《大学》中提到"生财有大道，生之者众，食之者寡，为之者疾，用之者舒，则财恒足矣"，启示我们"人们通过从事各种职业活动来创造财富，只有合理规划和积极努力地工作，才能确保有足够的物质基础来保障生活"。

因为重点在于满足基本的物质需求，而非追求自我实现和潜能的极致发挥。在这种情况下，人们工作的主要动力是获得经济报酬以维持生活。他们可能按部就班地完成任务，较少主动地探索和挖掘自身更多的可能性。例如，一些从事流水线工作的工人，他们的目标更多的是完成每日规定的工作量，拿到相应的工资，对于如何改进工作流程、提升效率等缺乏强烈的内驱力。他们的精力主要集中在应对日常的工作任务上，很少有多余的心思去思考如何突破自我、挖掘更深层次的能力。再比如，一些普通的办公室职员，可能只是为了每月的薪资而工作，对于一些具有挑战性但可能短期内看不到明显经济回报的项目或任务，缺乏主动请缨和全力以赴的动力。他们的内在潜能可能因为这种相对功利性的职业认知而被部分掩盖，没有得到充分的激发和释放。

然而不能一概而论，即使在将职业视为谋生手段的阶段，仍然有一些人会在工作中逐渐发现自己的兴趣或优势，从而产生一定的内驱力去尝试发挥更大的潜能，提升自身对职业的认知高度，也就是把职业从谋生手段向成就事业方面转换。但总体来说，与将职业视为成就的事业或崇高的使命相比，其发挥内驱力的意识相对较弱，更多的是受到现实需求和物质回报的驱动，一旦对于自己的薪水不满意，就会抱怨或者对工作失去乐趣，甚至得过且过，对于当下的工作都不能很好地完成。

第二节 将职业作为成就的事业

人生是一种对未知的体验，只有勇敢地去经历实践才能体悟人生的真谛。随着个人的成长和发展，其对职业的理解逐渐向"成就的事业"转变。在这个层次，人们对于职业的认知和追求发生深刻的转变，不再仅满足于通过工作获取物质财富以维持生活，而是将目光聚焦在职业领域中获得显著的成就和广泛的认可。

职业的基本功能是解决谋生的问题，同时也可以解决未来个人发展的问题；事业不仅可以解决谋生问题和发展问题，更赋予了各种责任——对自我发展的责任，对单位发展的责任，对家庭的责任，对社会的责任，对国家和人民的责任。

单纯的职业意识往往导致个人格局小，易被眼前利益蒙蔽；事业的精神则激励自我意识向社会需求无限扩展，个人创造性、开拓性地完成任务目标，就会有大成就、大突破。职场讲究辩证，人生需要理性。当人生进入事业境界，素质能力自然增强，贡献自然增大，报酬也随之增加。对事业负责，也就是对自己真正负起责任，是对家人、对社会最好的交代。

元朝吴师道《吴礼部诗话》中记载："戴锡祖禹能诗，因牧心推奖，遂知名。"牧心，牧即治，即苦心精心经营某种思维、思想或者心情。牧的"心"就是一颗事业心，只有达到事业的境界，心灵才能通达，乃至自由。孟子曰："得人心者得天下。"《孙子兵法》中云："不战而屈人之兵，善之善者也。"是谓"攻心为上，攻城为下"。牧者，因势而导也，能牧心者，方能牧天下。牧心的境界是为人处世的哲学，是人生态度的外延。

《论语》有言："君子谋道不谋食。耕也，馁在其中矣；学也，禄在其中矣。君子忧道不忧贫。"体现了对于追求真正的"道"，即事业成就的重视，而不仅是满足于物质的获取。一个人若能专注于自己的职业，将其视为追求真理与价值的途径，便有可能实现更高层次的成就。

《孟子》有云："天将降大任于斯人也，必先苦其心志，劳其筋骨，饿其体肤，空乏其身，行拂乱其所为，所以动心忍性，曾益其所不能。"在职业的道路上，职场人可能面临困难或挑战，但正是这些磨砺，塑造了其能力与品格，为成就伟大的事业奠定基础。每一个挑战都是成长的机遇，每一次坚持都是迈向成就的坚实步伐。

将成就视为事业的人愈发注重自身能力的全面提升，不满足于现有的知识和技能水平，积极主动地寻求各种新的挑战和机会。这些挑战和机会成为他们磨砺自身、突破自我的重要途径，促使他们不断向着更高的目标迈进。他们将工作看作实现自我价值的重要渠道，努力在自己的专业领域内树立起良好的声誉和奠定稳固的地位。

为顺利达到这一层次，人们将坚持不懈地学习。无论是通过系统的教育培训，还是在实践中积累经验，他们始终保持着对知识的渴望和追求。同时，他们必须具备坚韧不拔的毅力，面对困难和挫折时不轻易言败，能够持之以恒地朝着目标努力前行，还要拥有勇于创新的精神，敢于突破传统思维的束缚，开拓出全新的发展道路。

《后汉书·皇后纪上·章德窦皇后》中记载："后性敏给，倾心承接，称誉日闻。"倾心，指的是尽心，诚心诚意。职场人尽心、真心，像爱人一样对待自己的职业，在职场中激扬生命，让生命之火在职场中点燃，极大地挖掘和发挥生命的潜力，在职场中创造独一无二的、无与伦比的人生价值。

总之，当职业上升为成就的事业时，人们能够释放出巨大的潜力和能量，为社会的发展和进步做出重要贡献。他们的故事激励着更多的人去追求自己的职业梦想，努力实现从谋生手段到成就事业的升华。

第三节　将职业作为崇高的使命

最高层次的职业认知，则是将职业视为崇高的使命。当职业上升到这一层次时，已然超越普通意义上对工作的理解和界定。此时，人们的视野和格局发生质的转变，不再仅仅关注个人的狭隘利益和局限于自身的成就，而是将视野投向更为广阔的社会以及整个人类的发展进程。

使命是客观存在的，不以人的意志为转移，无论你是否愿意接受，无论你是否意识到，是否感觉到它的存在，这种使命伴随人的出生已降临到每个人身上。一个人为什么活着，无非就是因为责任；一个人怎样做到有价值，无非就是因为使命。这个世界必然为那些具有真正意义的使命感和自信心的人大开绿灯，当一个人对于世界有一种使命感的时候，他会改变世界。

通常而言，使命可被视作使者所肩负的特定任务与应尽责任，其天然蕴含着崇高且伟大的价值意蕴，超脱了平凡事务的局限，承载着不凡的意义与期待。就教师群体而论，当他们被定位为成人世界派往儿童世界的文化使者时，这一角色设定便赋予了教师别具一格的责任内涵。他们不仅是知识的传输者，更是文明传承的火炬手、心灵塑造的工匠，穿梭于两代人不同的精神天地间，以智慧与爱心搭建沟通的桥梁，托举着儿童成长与未来发展的希望，这份责任因使命而生，深沉且厚重。

置身于职场这片广阔天地，深入观察便能发现，不同层级、不同背景的职场人对于使命的认知与解读存在差异，映射出多样的职业价值观与从业心态。以饲料推销员深入农村市场为例，若其秉持的仅是将挣钱盈利作为唯一的使命导向，目光短浅地聚焦于个人私利，那么持有这种狭隘观点的推销员往往难以获得客户内心的认可与接纳，在乡土人情浓郁、注重实际效益与长期合作的农村市场环境里，这样的推销员极易陷入步履维艰的困境；倘若能转换视角，将助力客户发家致富视作自身的核心使命，设身处地为农户谋划产业发展、经济效益提升之路，便如同播撒下信任与共赢的种子，有望收获更为广阔、稳固的市场，与客户携手迈向富裕，实现互利共赢。

真正迈入使命境界的职场人，展现出一种超凡脱俗的职业融合姿态，他们巧妙且笃定地把自身从事的日常工作、钻研的专业领域、追逐的职业目标与生命历程紧密缠绕、深度融合，打破了传统工作与生活泾渭分明的界限，铸就了一种浑然一体、持续奋进的职业生命状态。于他们而言，朝九晚五并非工作起止的生硬界限，上班与下班不过是使命践行的不同场景切换，任何时刻都是岗位工作在时间与空间维度上的自然延续。他们全身心沉浸于工作思维的淬炼、专业知识的深挖、实践经验的总结、过往教训的反思以及持续改进的探索之中，这份持之以恒的勤勉与专注，引领他们一步步趋近成功的彼岸。

对于这类具备使命境界的职场人，自我探索之旅与无畏挑战之路已然升华为毕生矢志不渝追寻的核心使命，他们以生命为燃料，投入这场价值创造与实现的征程之中，燃烧自己、照亮前路，倾尽全力兑现生命本应绽放的华彩价值。在社会职业版图中，虽有观点称处于使命境界的人群约占职场人总数的 10% 左右，然而这一比例受限于多样复杂的衡量因素，如使命评判标准的模糊性、个体职业表现的隐蔽性等，实在难以精准界定。

回溯历史长河，古贤的壮志豪情为后世留下不朽的精神坐标与励志箴言。陆游在《书愤》中高呼"壮心未与年俱老，死去犹能作鬼雄"，曹操于《龟虽寿》中留下"老骥伏枥，志在千里。烈士暮年，壮心不已"的千古名句，二者皆生动诠释了"壮心不已"这一精神内核——即便岁月流逝、容颜老去，雄壮豪迈的志向依然在胸膛熊熊燃烧、永不熄灭的坚韧与执着。有志于攀登事业高峰、迈向使命境界的职场人，当以古人为楷模，砥砺自身壮志、内心气魄，在漫长人生旅程的每分每秒，都以积极奋进、不懈追求的姿态，持续拓展自身格局视野，锤炼坚韧不拔、隐忍图强的精神品质，全力以赴地推动自己的人生跨进使命境界的门槛，解锁蕴藏于生命深处的无限可能，书写属于自己的辉煌篇章，无论学历高低、先天禀赋优劣，只要心怀热忱、付诸行动，使命境界的达成并非遥不可及，而是终将抵达的人生新高度。

《大学》有曰:"格物、致知、诚意、正心、修身、齐家、治国、平天下。"职业便是格物致知的重要场域,通过在职业中的探索与实践,职场人应该不断提升自我认知,培养真诚的态度和正直的内心。当其将个人的修养与职业发展相结合,便能为更广阔的社会做出贡献,成就伟大的事业。

《孟子》有曰:"穷则独善其身,达则兼济天下。"不同的职业阶段和境遇,都有着相应的使命。在自身发展受限之时,职场人要专注于自我提升和完善;而当有能力时,则要心怀天下,通过职业的影响力去帮助和造福更多的人,让职业成为践行社会责任的重要途径。

《大学》中曰:"自天子以至于庶人,一是皆以修身为本。"无论从事何种职业,修身都是根本。只有不断提升自己的品德和素养,才能更好地履行职业所赋予的崇高使命。以修身之德驾驭职业之途,方能成就非凡之事。

司马迁,这位史学巨匠,便将撰写《史记》当作自己至高无上的使命。在他所处的时代,他肩负起如实记录历史、为后世留存珍贵精神财富的神圣职责。他全然不顾外界的世俗偏见与重重压力,以坚定的决心和非凡的毅力,全身心地投入对历史的深度探寻与书写工作之中。凭借着对历史的尊崇与敬畏之心,他广泛查阅典籍,不辞辛劳地走访古迹,认真采访耆老,只为能够更完整、更真实地呈现历史的本真样貌。因为他深知自己所从事的这项工作,对于社会的进步以及人类的福祉,有着无可替代的关键意义。这种强烈的使命感,始终指引着他在漫长且艰辛的创作之路上前行。他所撰写的《史记》,就是一部波澜壮阔的史诗巨著,为人类留下无比绚丽的历史画卷。这部著作不仅是对过往事件的记载,更是对人类智慧、勇气及奋斗精神的传承与弘扬。通过《史记》,我们能够领略先辈的传奇故事,吸取他们的经验与教训,这为我们更好地迈向未来奠定坚实的基础。司马迁以自身的实际行动，深刻地诠释了职业作为崇高使命的深远内涵。他的付出与贡献，跨越时间的界限，对后世产生深远影响。他让我们清晰地认识到，当一个人将自己的职业提升到崇高使命的高度时，便能够激发无穷的力量，创造出超凡脱俗的伟大成就，为人类的文明与进步留下永恒的印记。在此层面上，职业已不再是一份普通的工作，而是升华为一种坚定的信仰，成为激励人们为了实现更高的目标而不懈奋斗的强大力量源泉，推动着人们去追求极致，为社会和人类的发展贡献自己的智慧与力量。

科学家为了探索未知的领域、推动科学的进步，不惜日夜埋头钻研，忘却时间的流逝，只为追寻那一丝可能带来重大突破的线索。居里夫人将自己的一生都奉献给了放射性研究，她在极其艰苦的条件下，坚持不懈地实验，最终发现了镭元素，为人类对物质结构的认识做出巨大贡献，她的工作推动了科学的迅速发展。

医生为拯救宝贵的生命、守护人们的健康，不辞辛劳地穿梭于病房之间，与病魔进行不懈的斗争。南丁格尔在克里米亚战争中，不顾危险，悉心照料伤病员，极大地改善了伤员的救治条件，她开创了护理事业，成为"提灯女神"，她的付出让无数生命得以挽救。

史蒂夫·乔布斯也是将职业视为个人使命的典型代表。他对产品的极致追求和创新精神，带领苹果成为全球最具影响力的科技公司之一。乔布斯对于职业的热情和使命感不仅体现在产品创新上，更体现在对用户体验的极致追求上，他的职业精神为苹果赢得了全球消费者的信任和忠诚。

在这个层次上，职业不再是一份用以维持生计的工作，而是成为一种信仰，一种源源不断推动人们奋斗的动力，他们为更高目标拼搏的力量源泉。它激励人们超越自我，突破极限，去创造更大的价值，为社会的进步和人类的幸福贡献自己的全部力量。这种崇高的使命感使得职业变得无比神圣和庄严，让那些怀揣着使命前行的人们在历史的长河中留下光辉的足迹，成为后人敬仰和学习的榜样。他们用自己的行为诠释职业的真正内涵，展现人性的光辉和伟大。将职业视为个人崇高的使命，能够使个体在职业生涯中找到深层的满足感和意义，激励他们不断追求卓越。同时，这种职业认知也能够为社会带来积极的影响，推动社会的进步和发展。

　　总之，职业认知的这三个层次相互关联、逐层递进。从谋生的手段到成就的事业，再到崇高的使命，反映了人们对职业意义的不断深入理解和追求。在人生的不同阶段，职场人可能处于不同的层次，但都应该不断努力，提升自己的职业认知，追求更高层次的职业境界。只有这样，职场人才能在职业生涯中找到真正的意义和价值，为自己、为社会创造更大的贡献。同时，社会也应该营造良好的氛围，鼓励和支持人们在职业发展中不断提升层次，实现个人与社会的共同进步。

第八章

个人成长与职业的关系

人,不能脱离组织而存在。婴儿出生后处于家庭组织中,由父母教育直到长大成人,成年后又走向企业组织,走向社会大组织。这个过程是个人谋生的过程,也是自我成长的过程,如果自己不成长,就不能在企业中胜任岗位职责。因此,从独立个体人的视角来分析企业的作用,企业是个人成长不可或缺的社会平台,几乎人人都要在这个平台中提升自我,发现自我价值。这也是职业赋予独立个体的功能。

第一节 在实践中才能实现成长

一个不实践、不工作的人,一个不劳而获的人,本质上就是一个尸位素餐的"寄生虫",一个不尊重生命的人,一个放弃精彩人生的人。有的人习惯想而不习惯干,不去落实不去干,纵然夜来千条妙计,次日不去行动,也是"语言的巨人,行动的矮子",终将一事无成。经历过二万五千里长征的老红军,与其他人对待生死、对待困难的态度肯定有所不同；度过金婚的老夫妇与新婚宴尔的小夫妻对婚姻的理解可能大相径庭。

  一个人的成功首要来自实践，每一个具有社会意义的人，每天都在实践，有学习的实践、工作的实践、生活的实践。实践无处不在，无所不能，或许正是因为它的普遍存在，才让很多人没有意识到它的价值和意义。很多人把学习所获的文凭作为人生成败的标识，或沾沾自喜、妄自尊大，或自暴自弃、妄自菲薄，这种行为的本质是在浅薄地曲解人生的成长。真正的成长和学习是在火热的社会实践中的，只有在社会实践中的学习才更合乎目标，更有价值，更容易出色。

一、知行合一与行知明道

  知、行是人的两类基本活动，也是中华优秀传统文化中的两个重要概念。"知"由"矢"与"口"两部分组成，矢有疾义，所以朱骏声的《说文通训定声》说"知"字的造字之意是"识也，憭于心，故疾于口"，即心中了然明白，嘴里可以很快地说出来。"知"指人对外部世界的感识所觉，所得越多越深入，具备的能力就越强。"行"在甲骨文里的写法像个十字路口，本指道路，引申为行走，再表示行为。与知相对的行，指人有意识的动作，泛指各种实践活动。这种活动是在意识指使下发生，当然也就离不开知。

  朱熹曰："知行常相须，如目无足不行，足无目不见。论先后，知为先；论轻重，行为重。"这是知先行后说，同时认为行更重要。王阳明则说："知之真切笃实处即是行，行之明觉精察处即是知，知行功夫本不可离。"认为知行相依不分先后。古人有真知、常知之辨，《二程遗书》中说："真知与常知异。尝见一田夫，曾被虎伤，有人说虎伤人，众莫不惊，独田夫色动异于众。若虎能伤人，虽三尺童子莫不知之，然未尝真知，真知须如田夫乃是。"即真知需要经过实践而得形成，有知离不开行的意思。"知者行之始，行者知之成"是明代思想家王阳明的经典名句，出自《传习录》，其中学生陆澄记的是："知者行之始，行者知之成。圣学只一个功夫，知、行不可分作两事。"《礼记·中庸》中记载："或生而知之，或学而知之，或困而知之；及其知之，一也。或安而行之，或利而行之，或勉强而行之，及其成功，一也。"将知分为三类，相对的行亦有三类，含行与知协的意思。这些都是着眼知行之关联的学说。

但王阳明说："知是心之本体，心自然会知。见父自然知孝，见兄自然知悌，见孺子入井自然知恻隐，此便是良知，不假外求。""夫人必有欲食之心，然后知食，欲食之心即是意，即是行之始矣。"王阳明的说法，强调心性，既有对前人的继承，也是针对其所处时代而发，饱含竭力救世的情怀。他对知行关系的阐述有其特色，更可贵的是他毕生追求理想信念，践履知行合一，对后人影响甚大。近代著名教育家陶文濬赞赏知行合一说，于是改名陶知行。后受杜威影响，认为"行"为"学"的起点，提出"行是知之始，知是行之成"，再改名为陶行知，主张"即知即传"。他的观念与王阳明所说不尽相同，但在重视知行关联互促上是一致的。"行知明道"从"知行合一"生发而来，指的是在实践中明白道理或者发现新的知识，很多时候往往是先有成功的实践，后有总结实践的理论。

行知明道则进一步强调了实践对于领悟真理的关键作用。通过实际的行动、体验和探索，去感知和把握那些隐藏在表象之下的道理和规律。王阳明曰："人须在事上磨，方能立得住；方能静亦定，动亦定。"只有在纷繁复杂的实践中经历磨砺，才能真正站稳脚跟，在动静之间保持内心的笃定，从而洞察到更深层次的道。以职场为例，一个初入职场的人可能对各种工作流程和技能有一定的了解，但只有在实际工作中不断地尝试、犯错、总结，才能真正掌握这些技能，理解工作的真谛。在这个过程中，职场人可能遇到各种压力和困难，但正是这些经历让其从一个懵懂的新人逐渐成长为经验丰富的专业人士。

在成长方面，个人可以通过设定职业目标并付诸行动，来不断提升自己的能力和素养。"志不立，天下无可成之事"，明确的志向为行动提供方向和动力。在追求目标的过程中，不断地学习、实践、反思，让自己逐渐变得更加优秀和强大。同时，社会的进步也离不开知行合一与行知明道。伟大的发明、创新和变革，无不是在实践中诞生和发展的。科学家通过反复的实验和探索，推动科技的进步；创业者通过勇敢地尝试和实践，创造着新的商业模式和价值。

总之，知行合一与行知明道是相辅相成的理念。它们引导人们积极投身实践，在行动中不断探索和领悟真理，让人生在知识与行动的交织中绽放出绚丽的光彩。让我们以知行合一为帆，以行知明道为桨，在实践的海洋中乘风破浪，驶向成长与成功的彼岸。

二、主观能动与客观必然

主观能动性是指人们在实践基础上能动地认识世界和改造世界的能力和内驱力，是意识对客观世界的反映，是一个透过现象达到事物本质的过程。

着眼知行之差异即主观能动与客观必然的关系，如《尚书》所云的"非知之艰，行之惟艰"，可算知易行难说的滥觞，其内涵最为丰富。首先认识到大道至简，任何科学的规律和方法都极其简单，简单到一两句话就能够说清楚。其次认清主观与客观、"想做"与"能做"的关系，想做的不一定都能够做到，就不要违反客观规律；能做的就要努力去做，不要坐而论道，误国害民。最后坚持不懈，自然功成。知行不一，学不致用，是制约人发展的最大问题，也是浮躁社会风气形成的根本原因之一。

知的问题，在教育高度普及的时代，好似已经不是问题。但知了不去做，就成了大问题。譬如几乎所有人都懂得刻苦学习的道理，但总有人学习不刻苦、不努力，这就是知行不一。知了就去做还不够，还要在行的过程中发现新的道理，这是知行合一的深层次，也是创新和创造的必然要求。

在职业管理领域，有一种主观能动原理，指出人是生产力中最活跃的因素、最宝贵的资源，人具有主观能动性。在职业行动中，人应该高度重视自我主观能动性的开发和挖掘，善于利用职业中提供和创造的良好条件，使自己的思维运动更活跃，主观能动作用得到充分的发挥。客观必然性是指事物发展、变化中的不可避免和坚定不移的趋势。在职业活动中，自我主观能动性呈现出工作的激情、昂扬的斗志、强烈的意志，属于感性的范畴；客观必然性呈现的是理性、规律、逻辑，属于理性的范畴。这两者并不矛盾，而是辩证统一的关系，在职业发展中遵循客观规律是正确发挥主观能动性的前提，只有在职业实践中充分发挥主观能动作用，才能实现职业发展的巨大成功。《元史·仁宗纪三》中记载："明心见性，佛教为深；修身治国，儒道为切。"明心，指的是使心思清明纯正。"明'心'善行"，旨在提醒职场人要明白自己的心灵，善于实践，做到学以致用、知行合一。

三、事上磨砺与实践精神

艰辛知人生，实践长才干。"事上磨"是阳明心学的方法论，王阳明曰："事上练。"历事才能炼心，在事上磨炼，内心才会拥有强大力量，个人才能真正成长。"纸上得来终觉浅，绝知此事要躬行"，"磨"的是知识；"宝剑锋从磨砺出，梅花香自苦寒来"，"磨"的是意志；"先天下之忧而忧，后天下之乐而乐"，"磨"的是格局；"情顺万物而无情，终日有为而心常无为"，"磨"的是心境和担当。实际上，人的每一项实践活动，都会对自己的心灵世界产生影响，人的规则意识都会在实践中得到培养，人的修养也是在不断改正错误的过程中得到提升，人的才能更是在实践中磨炼而成。从哲学上讲，实践是人类自觉自我的一切行为，只有在自觉的意识下才是人性的、人格的，即"实践出真知"，这就需要给予实践以精神气质。职业活动中的实践精神，立足于踏踏实实地干，敢于开拓创新，善于在实践中发现问题、解决问题，直至成为名副其实的职场精英。

在职业活动中，条件和环境并不是核心要求，最根本的是自我的精气神，也就是主观能动性。同样一项工作，不同人执行，往往会有不同的效果。有的人幻想着所有条件都具备，一切按部就班就能完成任务，遇到问题就畏难发愁，或者把问题和困难上交领导，这就是主观能动性缺失的一种表现。

第二节 在职业行动中认识自己

职业，从其表象看，是人为了谋生而去从事职业，谋生只是表象，透过表象看本质，是人需要职业，需要在职业过程中认识自己。

一、人生的目的大多通过职业活动来实现

经历了几千年的社会发展，中国的古圣先贤留下的经典与精神还在

启迪着当代人的智慧。不管是孔子、孟子、荀子,还是老子,他们的贡献基本上来自自我职业的活动。

孔子打破贵族对教育的垄断,带领学生周游列国,无论贫富贵贱者,都有机会成为他的学生,这种有教无类的教育精神,体现了他对教育公平的追求,也为更多的人开启了知识的大门。孟子游历各国宣扬自己的学说和政治主张,他教导君主要有仁爱之心,关注民生,保障人民的基本权益。胡适先生认为:"生命本没有意义,你要能给它什么意义,它就有什么意义。"这个观点很辩证。

人生首要满足的是"衣食住行"等关乎生活需求,这需要职业的贡献;为父母尽孝、为子女尽心等物质保障,也需要职业的贡献。除了世俗生活,人还要有所追求,对社会感恩并有所交代,这基本要依靠职业活动来实现。

二、职业实践会提升人生目的的境界

职业生涯既是人生目的的载体,也是培育人生目的的"花圃",而花匠只有也只能是自己。人人都在追求公平,殊不知时间就是人世间最大的公平,如果时间能够交易,有人会花费巨额资金来购买,然而却做不到。时间就像一台精准的天平,它能称量奋斗成果的重量,也能改变人的命运和目标。随着时间的推移、阅历的加深、智慧的积累、资源的增多,人生目的就会发生嬗变。人生的愿望在很大程度上,就是把握自己的命运,主宰自己的时间,创造自己的快乐,追求自己的幸福。当源于职业的物质充裕实现后,人的快乐与幸福就要通过另一种方式实现。心有多大,舞台就有多大,事业就有多大,心的变化基于职业活动又作用于职业活动,就是职业活动的新境界、人生目的的新境界。

"君子务本,本立而道生。"《论语》中的这一至理名言,深刻地揭示了专注根本、于职业行动中筑牢根基对实现自我成长的重要性。当人们置身于职场这片广袤天地时,无可避免地遭遇各种挑战与困难,然而,也正是在应对这些的历程中,人们得以逐步积累起宝贵至极的经验,持续提升自身的各种能力,从而也提升了人生目的的新境界。

三、职业活动能够让人生"涅槃重生"

在职业的舞台上,职场人经历着种种挑战与考验。每一个项目的攻坚、每一次困难的突破,都如同一场烈火的锤炼,让职场人在其中不断蜕变和成长。正如孟子所云:"天将降大任于斯人也,必先苦其心志,劳其筋骨,饿其体肤,空乏其身,行拂乱其所为,所以动心忍性,增益其所不能。"职场人在职业活动中所承受的压力和付出的努力,正是实现"灵魂蜕变"的一个过程。阿里巴巴的创始人马云,他在创业初期经历了无数的困难和挫折。一次次地被拒绝,一次次面临资金短缺等问题,但他始终没有放弃,凭借着对互联网行业的坚定信念和不懈努力,最终打造出庞大的商业帝国。他的经历充分说明了职业活动中的坚持和奋斗能够带来奇迹。

当人性被定义为非努力,人性就没有了价值。凤凰涅槃,需要一个艰难的痛苦过程,才会有浴火重生;温水中煮的青蛙,虽然舒适滋润,结果却是在不知不觉中死亡。

人生最重要的事情,不在于你现在身处何地,而在于你正在朝着哪个方向走,只要找对路,就不怕路远。人生目的的设计的前提是要确定好主体,这个主体就是我们自己,愿意并下定决心改变自己,才有人生目的的现实意义。实际上,没有什么事情比漫无目的的徘徊更可怕,一味地醉心晒出今天的逍遥自在,明天的路还怎么走?如果今天的你还没有任何目标和方向,那么明天的早晨,你用什么理由把自己唤醒?你用什么理由相信自己能改变命运？青年人有着大好的青春时光，毛泽东就说过："世界是你们的，也是我们的，但归根结底是你们的。你们青年人朝气蓬勃，正在兴旺时期，好像早晨八九点钟的太阳。希望寄托在你们身上。"青年只要朝着大目标前进，踏上职场这艘时代巨轮，从事相关职业活动，人生就可能实现"凤凰涅槃"。

四、职业实践让心灵更充盈

职场人不认为整天游手好闲、无所事事、不务正业的人是幸福的，无聊和懒本质就是心灵空虚的代名词。当职场人较长时间沉浸于工作的时候，虽然有些累，但充实而快乐，滋润而幸福，因为这段时间是实践生命的完美期。结果让人感慨，过程更让人感动，世界上还有比感动自己更让人幸福的事情吗？"醉里挑灯看剑，梦回吹角连营"，想到的是"马作的卢飞快，弓如霹雳弦惊"；"更喜岷山千里雪，三军过后尽开颜"是快乐，"金沙水拍云崖暖，大渡桥横铁索寒"是感慨与豪迈。事实上，只有向自己提出伟大的理想，并以自己全部的力量为之奋斗的人，才是最幸福的。历史往往把那些为了宏大的目标而工作，因而使自己变得高尚的人看作伟大的人，也是幸福的人。幸福是一种感受，源于内心的充盈与滋润，这就必须要求首先把内心充盈起来，不充盈就空虚，一个长期内心空虚的人，怎么能找到活着的价值和意义？《庄子·天道》中记载："不徐不疾，得之于手而应于心。"应心，指的是随心所欲。因此职场人要从心灵深处辩证看待职业活动与人生目的的关系。

在职业实践中，职场人通过经历和反思，让自己的内心逐渐变得光明。开始明白自己真正的追求和价值，觉醒自己的本真。这种觉醒并非一蹴而就，而是在一次又一次的事上磨炼中逐渐明晰。艺术领域的创作者，在创作的过程中会遇到灵感枯竭、作品不被认可等情况，但正是这些经历让他们对自己的艺术风格、创作理念有了更深入的思考。他们在"事上练"中，觉醒自己内心深处对于艺术的热爱和执着，从而不断突破自我，创作出更具感染力的作品。科研工作者在漫长的研究过程中，面对一次次的失败和挫折，这让他们更加清晰地认识到自己的科研热情和毅力。他们在"事上练"中，觉醒科学探索的真谛，不断追求真理。司马光在《言御臣上殿札子》中记载："悉心致力，以治其职。"悉心，指的是尽心、全心。尽心全心地投入工作，就会滋润出充盈、饱满的心灵。

第三节　职业理想与人生境界

一、实现职业理想就是人生境界的提升过程

在职场中，理想通过阶段性职业发展目标来呈现，往往一个目标的实现可能使人生境界提高一个段位。譬如，找到一份理想的工作，对自己来说，是人生境界中一个"开天辟地"的大提升；学会独立地完成岗位工作，得到人生第一份工资，自己的人生立即提升到工作境界；表现突出，成为岗位标兵，也是一次大的提升；业绩非凡，管理能力有了一定水平，被提拔到生产管理岗位，级别和工资都有了大幅增长，人生就开始向事业境界突飞猛进。只要职业规划中的理想目标一个一个地实现，就会不知不觉地提升自己的人生境界。

以投资大师巴菲特为例，在他的职业生涯中，投资就是他的事业。年轻的时候，巴菲特对投资展现出浓厚的兴趣和天赋，就像普通人找到一份理想的工作一样，这是他人生境界提升的起始点，是他在投资世界中"开天辟地"的开始。他不断学习和实践投资策略，从分析财务报表

到研究市场趋势，逐步学习并独立地做出各种投资决策。当他通过自己的智慧在投资领域赚到第一桶金时，就如同得到人生第一份工资，标志着他进入投资生涯的一个新阶段，他的人生境界由此提升到工作境界。随着时间的推移，巴菲特在投资领域表现得愈发突出，他凭借精准的眼光和独特的价值投资理念，创造出一系列令人瞩目的投资成绩，成为投资界的"岗位标兵"。他投资的许多公司都为他带来丰厚的回报，如对可口可乐公司的长期投资，让他在投资界声名大噪，这无疑是他人生境界的又一次重大提升。伯克希尔·哈撒韦公司在他卓越的领导下持续发展壮大，创造出非凡的业绩，资产规模和影响力与日俱增之后，他在投资和管理方面展现出的高深造诣，让他站在了全球商业和投资领域的巅峰。此时，他已经不仅是在追求个人财富的增长，更将自己的财富和影响力用于慈善事业。他发起的捐赠誓言活动，鼓励全球的富豪将财富回馈社会，这种对财富和人生价值的深刻理解与实践，使他的人生境界向着更高层次的事业境界转变。

二、人生境界彰显和巩固自身的职业理想

有什么样的人生境界，就孕育什么样的职业理想。工作境界的职场人，通常会盯着每月发的工资；事业境界的人，就会盯着眼前正在极力推进的项目，虽然关心工资但并不太关注；使命境界的人关注的是长期的事业，报酬不是第一位的，当然，工作报酬往往与工作境界成正比，但也有为了践行使命而穷困潦倒的人，他们更值得钦佩。人生境界提升后，职业理想也会随之改变，变得越来越光明，原来可能仅仅服务一个县，后来服务一个市，再后来服务全国乃至全世界。进入使命境界的人，往往成为单位某个专业的技术权威或者领军人物，其职业理想不仅关系个人的发展，更关乎单位的发展。

毛泽东 24 岁时写下了《心之力》这篇气势磅礴的文章。在那个时代，大多数人还局限于个人生活的小天地，而毛泽东则展现出非凡的思想境界，已将个人命运与国家紧密相连。这种境界超脱普通的"工作境界"或"事业境界"，达到伟大的"使命境界"。

三、职业理想与人生境界相辅相成

职业理想和人生境界都是个人内心价值世界的精神追求，二者在自身发展过程中都具有动态性和层次性，都是建立在实践基础之上的。从二者的超越性来看，职业理想是通过理性引导实现的外在超越，人生境界是通过感性体悟获得的内在超越。从某种程度上讲，职业理想是心灵田地里茁壮生长的庄稼，人生境界则是心灵田地的整体外观、多彩风景；职业理想是农夫每年的生产计划，人生境界则是农夫劳作时的表情。人生境界会直接影响职业理想，职业理想会提升人生境界。虽然职业理想和人生境界存在超越性的兼异，但是二者的有机结合应该是人生境界建立在科学的职业理想基础之上，并引导职业理想向稳定的人生境界迈进的。职业理想与人生境界的辩证关系还体现在它们相互促进、相互提升的方面。当职场人在职业中不断取得成就，实现自我价值时，其自信心和成就感会得到增强，这有助于其提升人生境界，更加懂得感恩、宽容和关爱他人。同时，人生境界得到提升后，他们会以更加豁达、从容的心态去面对职业中的挑战和困难，从而更好地实现职业理想。

一个具有高尚人生境界的人，在追求职业理想的过程中，会更加注重内在的品质和道德的坚守，不会为了一时的利益而放弃原则，不会为了追求功成名就而不择手段。相反，会以真诚、善良、责任和担当来对待自己的职业，用自己的专业能力去帮助他人、服务社会。这种职业理念与人生境界的融合,让其工作充满了意义和价值,也让人生变得更加丰满和充实。《韩非子·存韩》中记载:"斯之来使,以奉秦王之欢心。""欢心"指对人或事物喜爱或赏识的心情,目的是使得职场人真心喜爱自己的职业,捍卫自己的职业理想,提升自己的人生境界。

第四篇
管理实践中的职业素养

第九章

在管理实践中提升自我信念能力

《大学》中曰:"大学之道,在明明德,在亲民,在止于至善。知止而后有定,定而后能静,静而后能安,安而后能虑,虑而后能得。物有本末,事有终始。知所先后,则近道矣。"

第一节 信念力的构成

一、认识自己的信念

信念能力是人的使命、认知、情感、意志的统一体或形成的合力,强大的信念力往往伴随着坚定的使命感和炽热的感情。正因如此,信念力不仅深藏于内心,还会外化为行动,在信念力的作用下,人们的意志是坚强的,行为是坚定的。

1. 认识自己是发展自我的重要基石

对一个人生活影响最大的就是他对自己的看法,也就是"自我认知",其是追求工作绩效的起点。对于每个人而言,时间是有限的,不要把时间浪费在无谓的试验上，认识自己最要紧，要安于走自己的路。一个人在事业上能否出人头地、登上巅峰，在于他的自我信念。换句话说，最大的关键往往不在于你懂得什么，而在于你是怎样的人。所以说，认识自己是提升自我、发挥自我、成就自我最重要的基石。天下哪有比自己认识自己更重要、更迫切的事呢？《道德经》中记载："知人者智，自知者明。胜人者有力，自胜者强。知足者富，强行者有志。不失其所者久，死而不亡者寿。"其大致意思是：能够了解、认识别人称作智慧，能够认识、了解自己才算聪明；能够战胜别人是有力量的，能够克制自己的弱点才算强大；知道满足的人是富有的，坚持力行、努力不懈的人是有志气的；不离失本分的人就能长久不衰，身虽死而"道"仍存的，才算真正的长寿。这体现了老子对个人修养和自我认知的重视。余华在《活着》一书中写道："当生命走到尽头，只有时间不会撒谎，人是为了活着本身而活着，而不是为了活着之外的任何事物而活着。"找一个可以独自思考且舒适的地方坐下来，休息片刻，放松自我，放下所有的问题与烦恼，放下所有的一切，想想自己目前的样子，想一想若还可以选择或时间可以倒流，希望自己可以成为什么样子，与目前实际情况有何差异？想想当自己走到生命尽头时，会是什么境况？是带着满足与无憾，还是无限懊悔，走完人生旅程？了解自己，精彩地活出自己，让自己能为自己的人生旅程喝彩。

2. 叩问灵魂是追求人生意义的关键指引

在世俗的普遍认知里，人们往往笃定，若一人得以功成名就，坐拥富贵荣华，其人生便充满意义，必然被幸福环绕。然而，事实远非如此。且看泰·科布（Tyrus Cobb）的经历，这无疑是一记响亮的警钟。泰·科布凭借自身不懈的努力与超凡的天赋，最终实现成为有史以来最卓越的棒球运动员的梦想。相较于其他棒球界的佼佼者，他在棒球领域缔造了众多令人瞩目的纪录，其成就足以铭刻于棒球史册。不仅如此，在商业投资领域，他亦着惊人的斩获。于可口可乐公司首次公开上市之际，他精准投资，所获收益巨大。他获得了梦寐以求的名声与财富，无疑是站在了世俗意义上的成功巅峰。

但泰·科布当真度过了一个富有深意且充满价值的人生吗？当我们将目光投向他生命的终点，那清冷孤寂的葬礼场景令人唏嘘不已。仅有寥寥三人出席他的葬礼，而他的亲生儿女们竟无一到场，缘由是他们对自己的父亲满心鄙夷。尽管他收获了世俗眼中的成功、显赫的名声以及堆积如山的财富，可他的生命却仿若一片荒芜的沙漠，缺乏爱之清泉的润泽，亦难觅喜悦与幸福的繁花盛景。他以乖戾的脾气、满心的仇恨以及严苛待人而声名远扬，在追逐名利的过程中，他遗失了人性中最为珍贵的温柔与善意。从泰·科布的人生轨迹中，我们得以深刻领悟到"确定人生核心价值"无可比拟的重要性。在漫漫人生征途中，奋力追求并实现这一核心价值的过程里，确定人生核心价值，不仅能在自身心灵深处洒下喜悦与满足的光辉，亦如温暖的春风，轻柔地为他人带去愉悦与切实的益处。

《大学》中云："大学之道，在明明德，在亲民，在止于至善。"其深刻地揭示了做学问的至高宗旨，便是要全力彰显自身具有的性德光辉，驱散内心的黑暗与愚昧，并且将这至善至美的性德如润泽万物的春雨般播撒于众人，使人人皆能受其滋养，进入那至善至美的人生境界，此即所谓的"修己安人"。日本企业家稻盛和夫曾言"人生的意义在于磨炼灵魂"，这句话犹如一记重锤，敲响我们内心深处对于人生价值思索的洪钟。《论语·述而》中的"君子坦荡荡，小人长戚戚"则鲜明地勾勒出君子的高尚形象。君子者，堪称品德高尚之人，其心怀仿若广袤无垠的苍穹，宽广辽阔，能容万物；其行事作风光明磊落，如灿烂的阳光，毫无阴霾与晦暗。由此，不禁引发人们对于高尚之人特质的深入探究与思考。究竟何为高尚之人？他们定是能够真切理解他人思想之深邃幽微，能细腻体会他人情感之起伏波澜，能以强大的自制力克制自身的私欲与冲动，能心怀悲悯地减轻他人的困苦与磨难，能挺身而出为他人分担忧愁与烦恼之人。

故而，人生的至高境界绝非仅仅着眼于个人所取得的成就，而是在即将告别这个世界之际，内心笃定且安然地知晓，自己已然倾尽所能，在生命的长河中泛起层层涟漪，自己的存在为这个世界增添了一抹美好的亮色，哪怕只是细微的改变，亦足以慰藉心灵。只要这个世界曾经因自己的存在而令他人收获了更多的幸福与温暖，那便已足够，这便是人生意义的真谛所在，是灵魂深处最璀璨的荣光。

二、相信自己的信念

当比尔·盖茨第一次体验到使用电脑的快乐时，他相信每一个普通家庭的桌子上都会有一台电脑。

自信，目标必达。明智者都很清楚，凡事战胜自己是关键，避免用战术上的勤奋掩盖战略上的懒惰。

自信，关注当下。如果清楚自己要什么，就会专注自己走的每一步路，这种专注往往会产生不可思议的力量。

自信，明辨是非。有了清晰的目标，就必然具备慎独的能力，不论人前人后，都会内外合一，分清自己的理想与欲望，做正确的事往往比把事情本身做正确更为重要。

相信自己的信念，是我们在人生旅途中不断前行的动力和源泉。"志不强者智不达，言不信者行不果"出自《墨子·修身》，意思是意志不坚强的，智慧一定不高；说话不讲信用的，行动一定不果敢。这句话告诉我们，只有坚定的信念和意志，才能激发我们的智慧，实现我们的目标。

信念，就像一盏明灯，照亮我们前行的道路。在面临困境和挫折时，信念是我们内心深处的力量，支撑我们勇往直前。"三军可夺帅也，匹夫不可夺志也"出自《论语·子罕》，意思是军队的首领可以被改变，但是男子汉（有志气的人）的志向是不能被改变的，也就是即使在最艰难的时刻，也不能放弃自己的信念和追求。同时，需要用实际行动来支撑自己的信念，要做到"知行合一"。用真诚的态度去践行自己的信念，让行动成为信念最有力的证明。

"君子务本，本立而道生"出自《论语·学而》，"本"即根本，"务"即专心于、致力于。"道"，在中国传统文化里，有多重含义，此处可指孔子所提倡的仁道，就是治国做人的基本原则，意思是君子要专心致力于根本的事物，根本建立了，治国做人的原则也就产生了。同样可以将其应用到职业信念中，职场人要始终保持对职业信念的敬畏和坚守。

三、自我自律的信念

自我管理的最低成本就是自我自律的信念，即相信自己自律并且能够做到。当我们谈到自律时，第一个想到的就是生活自律和工作自律，比如坚持不懈地锻炼、定时定量地读书、反复磨炼某种技能等。对普通人而言，这样的自律已经足够。但对于团队的成员来说，这些远远不够，还需要做好志向自律、服从自律、情绪自律和复盘自律。

志向自律就是目标一以贯之，正念顺势而为，做正确而长久的事情。"势"其实是天道人心。雷军曾经说过，一个人要成就一件事情，本质上不在于你有多强，而是你要顺势而为，于万仞之上推千钧之石。

服从自律就是在一个组织团队中，成员要绝对地服从上级的安排并且身体力行。在情绪自律上，则主张用稻盛和夫的方式，那就是努力工作，以行动克服负面情绪。情绪自律要求职场人既要承认负面情绪的存在，又要在负面情绪出现后及时警觉、对症下药。职场人要在职场中不断学习和实践，提高情绪管理能力，让自己成为一个内心强大、情绪稳定的人。曾子言："吾日三省吾身。"我们每天要反思自己的情绪和行为，不断调整和完善自己，以更好地适应这个不断变化的环境。最后，再看复盘自律，任何事情无论得失，都应该事后复盘，进行阶段性总结。总结的目的是去掉运气成分，找到成功规律，让成功可以复制粘贴。

根据自我自律信念的程度，人可以分为如下三类。第一种人是火，点燃自己照亮别人，或者成为一束光，照亮一个行业或区域；第二种人是木头，必须靠别人点燃才能发光发热，提供能量；第三种人是石头，很难燃烧，如果燃烧，必须用"三昧真火"，耗神耗力，事倍功半。职业素养较高的人无疑是第一种，能律己，能点燃唤醒他人，从这个意义上说，职业素养的本质其实是激发人的最大能力以达成目标。

四、自谦而温和的信念

子夏曰："君子有三变：望之俨然，即之也温，听其言也厉。"这句话阐述了一种理想的人格特质，那就是自谦而温和。儒家强调"仁"，主张以仁爱之心对待他人，体现为对人性平等的尊重。心有敬畏，明白人性平等，屈己待人，这正是儒家所倡导的君子之德。一个人应该具备这种品德，能够放下自己的架子，以谦逊的态度与他人相处。孔子曰："三人行，必有我师焉。"这种谦逊的心态使自己能够不断学习他人的长处，提升自己，同时也能赢得他人的尊重和追随。

道家倡导"无为而治"，看似与自我进取拼搏精神相悖，实则蕴含着深刻的智慧。道家主张顺应自然，不刻意去追求，提醒人们在勇往直前的过程中要保持一份内心的宁静与平和。面对困难和挑战时，人们应该以更加从容的心态去应对，不过分焦虑和执着。"无为"并非不为，而是不为外物所累，不为私欲所驱，以一种更加专注而超脱的视角看待事物。

"庸人大多以懒致败，能人往往以傲致败"，体现了自谦的重要性。外表的温和若要成为真正的美德，确实需要内心的坚定作为支撑，正如儒家所追求的"内圣外王"。职场人仅有温和的外表是远远不够的，还必须具备坚定的信念和使命感，这种信念来源于对信仰的执着追求，即舍我其谁的英雄主义与改变世界的理想主义。职场人需要有向前看的勇气和决心，在不确定的风险面前，以果敢的精神迎难而上。"外圆内方"很好地诠释了自谦而温和的信念与坚定内心的结合。外表的温和是为更好地与人相处，凝聚力量；内心坚定则是为了在追求目标的道路上不动摇。只有做到内外兼修，才能成为一个卓越的人，才能在这个复杂多变的职业环境中快速成长。

在实践中，做到如玉般温和需要从多个方面努力。心有敬畏，明白每个人都有其独特的价值和尊严，不轻视他人，这是温和的基础。放下身段，以无我的心态去建立自我，去除自我的傲慢与偏见，才能更好地与团队融合。学会谦让，不贪恋权力和利益，而是以团队的整体利益为重，这是每个职场人应有的胸怀和担当。同时，要将自谦而温和的信念融入团队中。把自我精神内核输入团队中，让团队成员感受到同事的坚定与温和，从而互相激发积极性和创造力。一个具有优秀职业素养的人，内敛而有主见，踏实而不盲从，能够在关键时刻做出正确的决策，积极配合团队走向成功。

第二节　信念之三纲八目

一、信念力之三纲：职业素养观

大学者，大人之学也。凡是有志于造福大众的仁人贤士，都应该认真阅读《大学》，从中体会信念的力量，明白内圣外王之道，成为经世致用之才。《大学》是"四书"之首，回答了人应该活成什么样子，怎样活成真正的人。职场人该如何从《大学》中吸取营养、获取能量呢？

《大学》首推"三纲八目"。"三纲"，就是"在明明德，在亲民，在止于至善"。首先说"明德"，明德就是净洁的内心，明德如同太阳，太阳发出光芒即是明明德，太阳发光是自动自发的，没有任何借口和理由，正如领导者弘扬善良光明的德行，不必让人催促要求。环境和命运的制造者正是自己，在心中种下什么样的种子，就结出什么样的果实。明明德就是让民众恢复他们本自具足、与圣贤一体无二的正大光明的本性，恢复原本智慧光明的面目。

再讲"亲民"，就是民之所好好之，民之所恶恶之，顺着人民的心而用心，明明德的君子，应该亲近仁爱百姓，而不是简单地使他们弃旧图新。在企业中，亲民就是为同事服务，为顾客服务，为企业服务，大而化之为社会服务。实际上，明明德和亲民应合二为一，既要自己明德又要引导大家开拓新思路、学到新知识，更要通过教诲让彼此亲近仁爱，创造更多的社会价值。

最后谈"至善"，即让整个社会都能达到完美的道德之境并保持下去，至善如船舵，明德与亲民则是航海之船。大学之道的最终目的，是培养道德完善并对社会建设有热忱和责任感的君子。"止于至善"就是心中常存善念，扮演好自己在这个世界上担任的角色并保持下去。当每个人都懂得止于至善的道理，信念才得以确定；信念确定，身心才能安静；身心安静，才能安于当下；安于当下，才能虑事周详；虑事周详，才能达到至善境界。止、定、静、安、虑、得，形成一个成功做事的闭环。

王阳明曰："人人自有定盘针，万化根源总在心。"一言以蔽之，决定人生方向的指标就在于人的本心和良知，找到目标后自然会信念坚定，志向明确，这就是"知止而后有定"；信念坚定，志向明确后安静专一，这就是"定而后能静"；内心安静专一，就能够安于当下，这就是"静而后能安"；在内心的作用下，可以从容不迫地考虑问题，且会考虑得非常周到，这就是"安而后能虑"；深思熟虑，自然会有收获，这就是"虑而后能得"；最后回到起点——知止。

一定要明白的是，止于至善不是研究未来做什么，而是研究今天做什么才有未来，所以《大学》里说"物有本末，事有终始"。以终为始，大概如此。

二、信念力之八目：践行路径

如果说"三纲"明确了职业信念力的方向，那"八目"就是信念力的实施路线和探索方法。

1. 格物致知，万物皆有道

《尚书》中曰："夫大人者，与天地合其德，与日月合其明，与四时合其序，与鬼神合其吉凶。"职场人，要想提升职业素养，就应该"可以赞天地之化育，则可以与天地参矣"，穷究事物的道理，即所谓"格物"。观察四种自然现象，天是最广大的，地是最方正的，太阳是最灿烂的，月亮是最皎洁的，所以叫正大光明，从观察自然到修身致知，就成了"正大光明"的人格追求。观察天地的神态，向天地学习，就能天人合一，形成大格局、大气象。大地方正、安稳不动、宁静祥和、柔软谦卑，能包罗万象、滋养万物而不言，这是美德；上天高大，高而脱俗可谓贵，博大深远，莫过于天，这也是美德。通过广泛学习、细致研究某事某物并身体力行，脚踏实地去实践体会，就可以获得真知。

2. 诚意正心，起心动念处下功夫

《大学》中说："所谓诚其意者，毋自欺也。如恶恶臭，如好好色，此之谓自谦。"诚意是要保护自己的正念，即利益大众的念头，通过觉察和管理自己的念头，一个人就可以做到正心。要正心，一定要在起心动念的地方着力。我们是不是时常反省、检查自己的念头？是不是发现一些极端的念头就加以净化与克制呢？空山穷谷之中黄金万两，露白苍葭而外有美一人，试问夫子动心否？所以中国传统文化特别注意在心念上着力，面临人和事的当下，第一念非常重要。道德的教育往往是防患未然，从起心动念处入手，而法律手段则着眼于人的行为，已经在末端了，这就是诚意正心的重要性。

《后汉书·张酺传》中记载："张酺前入侍讲，屡有谏正，闿闿恻恻，出于诚心，可谓有史鱼之风矣。"诚心，指诚恳的心意，真心诚意。元朝宫大用的《范张鸡黍》中记载："皇天有意为斯文，教人从诚心正意修根本，以至齐家治国为标准。"诚心正意，指的是心意真诚恳切。人的理性是天然存在的，要努力让理性光芒投射到个人职业活动中。

3. 修身齐家治国平天下，红尘可炼心

"修身"之后才能"齐家"，一个人只有把自己修好了，才能做一个好家长。在现实中，很多人觉得"齐家"似乎不值得重视，实则不然。保安、电工、挖掘机手还需要专业培训持证上岗呢，一个德行不端、性格偏执、能力欠缺、言行不一的家长如何能培养出堂堂正正的孩子？一个自私自利、贪图享受、高傲自大、愚昧无知的职场人如何能胜任职业岗位呢？特别是企业的关键人物或者领导者，其言其行是众人表率，不可不察。领导者的气象和风格某种程度上关系着企业的风气，所以领导者必须明白修身治平本是一体，更要明白"四书"之首的《大学》就是一门领导者必修的课程，如此才能立足岗位，带好团队，最终成就人生价值。

第三节　提升信念的路径

在漫长的职业生涯中，拥有坚定而强大的职业信念至关重要，能够让职场人在纷繁复杂的职场中保持正确的方向。

从儒学的角度来看，提升职业信念首先需要培养"仁"的品质。在职场中，以仁爱之心对待同事、下属和客户，能够建立良好的人际关系，为工作的开展创造和谐的氛围。孔子曰："己所不欲，勿施于人。"这种推己及人的思维方式，能让职场人设身处地地为他人着想，从而更好地理解和满足他人的需求。同时，儒学倡导的"学而时习之"，提醒职场人要不断学习和提升自己的专业技能，以适应职场的变化和挑战。只有通过持续学习，职场人才能在职业道路上不断进步，增强信心。

道家注重顺应自然、无为而治。在提升职业信念方面，道家思想能让职场人心态平和。面对职场中的竞争和压力，职场人要学会"道法自然"，不刻意去追求功名利禄，而是专注做好当下的工作。老子曰："知足不辱，知止不殆。"即要懂得知足和适可而止，避免陷入无尽的欲望和攀比之中。道家的"柔弱胜刚强"也给职场人启示，在处理职场问题时，不一定要用强硬的手段，有时以柔克刚、以退为进反而取得更好的效果。这种心态的平和与从容，能让职场人在职业生涯中保持清醒的头脑，不被外界的喧嚣干扰。

具体来说，在工作中提升自我信念的路径有如下四点。

第一，立凌云之志，树立正确的职业价值观，此乃重中之重。王阳明先生指出："志不立，天下无可成之事。"有人疑惑地询问："什么是立志呢？"先生从容回答："念念不忘存天理。"那天理又是什么呢？便是北宋理学大家张载先生所提出的"横渠四句"——"为天地立心，为生民立命，为往圣继绝学，为万世开太平"。这四句话，气势磅礴，蕴含着无尽的智慧和担当。简而言之，其核心就是天下为公，将人民的利益置于首位，全心全意地为人民服务。真正的志向，绝非仅仅着眼于个人的功成名就，亦不是对财富和地位的盲目追逐，而是在于能够成就多少有利于大众的事业，能够为多少人民带来福祉。归根结底，是要怀揣着一颗热忱服务大众的心。

从儒学的"义利观"来看，职场人应深刻领悟其中的真谛。在工作中，物质利益固然能满足其生活所需，但不能将其作为唯一的追求目标。职场人需要明白，工作的意义远不止于此，更为重要的是搭建一个实现自我价值的广阔舞台，工作是为社会发展贡献力量的重要途径之一。当职场人能够将自己所从事的职业看作神圣的使命、沉甸甸的责任时，内心深处的职业信念便如同扎根于肥沃土壤中的大树，在风雨中愈发坚韧，职场人自然会更加坚定不移地向着目标前行。这种信念会成为其面对职业挑战时的强大动力，在每一个艰难抉择的时刻职场人都有能坚守初心、为了那份伟大的使命而不懈努力的勇气。

第二，修平常之心，保持内心的宁静与专注。道家的"守静笃"告诉我们，在繁忙的工作中，要时常给自己留出安静思考的时间，反思自己的行为和决策，调整心态。只有内心宁静，才能在面对困难时保持冷静，找到解决问题的方法。

平常心是自我成长的重要目标，也是信念力精进的法宝。曾国藩在给弟弟曾国荃的信中写过这样一首诗:"左列钟铭右谤书,人间随处有乘除。低头一拜屠羊说,万事浮云过太虚。"大意是:一边是奖状一边是诽谤,人生的美好丑恶都在身旁,虚心学习春秋时期屠羊说的谦虚谨慎,功名利禄不过是天上飘过的浮云,名利也一样都是空的。

看得开。屠羊说本来是楚昭王时期的屠夫,楚国败亡时,他跟随逃亡,在流浪途中帮助楚昭王解决了很多问题,功劳很大。后来楚昭王复国,派人问屠羊说希望做什么官。屠羊说回答:"楚国复国,我也恢复了我的羊肉摊,还要什么赏赐呢?"

放得下。企业领导者,在其位谋其政,尽心尽力是本分,不在其位,不干扰不分心也是本分。一些企业领导者出问题,往往就是不在位了心还没放下,爱干扰、不得人心。做事上也是如此,当下的事尽心为之,不避不让,事情过后则立刻放下,不恋不贪。

忍得住。任正非在一次访谈中说:"社会一定是合作共赢的,每个国家孤立起来发展,这在信息社会是不可能的。"这就是任正非老先生的世界观。女儿被非法拘押,这位七十多岁的老人没有愤怒,没有悲惧,只是淡淡说了句,已经做好了与女儿永远见不到面的思想准备。这就是一个伟大的企业领导者泰山崩于前而气定神闲的定力。

第三,尽最大努力,勇于面对挑战和挫折。"天行健,君子以自强不息"激励我们要有坚韧不拔的毅力,在遇到困难时不退缩、不放弃。每一次的挑战都是成长的机遇,战胜困难,我们的信念会更加坚定。

"尽最大努力"是日本著名企业家稻盛和夫的心法,也是信念力提升的必由之路,大家都知道要付出不亚于任何人的努力很重要,但怎么去做是个问题,我们总结了"三步走"的办法。第一步,为目标努力备课——对于不了解、不清楚的工作内容和工作性质,马上去学,对于可能出现的问题和困难提前做好预案,以备不时之需。需要注意的是,领导者不能拉帮结派。第二步，分析努力的动机——在任何企业做事，都必须顺应企业内部的体系和习惯，尽量先做出小的改变，改变太大，往往出力不讨好。面对企业的难题，一定要迎难而上，不逃避、不指责、不抱怨，敢于担当、勇于任事，以积极的态度去面对、去解决、去改进，不避不让，这是领导者的本分和职责。第三步，对自己的所有行动负责——全力以赴做好应该做的事，如果开展得顺利，说明你有能力做更多的工作；如果还没能力做好当下的工作，一定不要好高骛远，回到手头的事，认真做好。信念能力的精进只在行动中，不在胡思乱想中。答案就在立即行动中。尽最大努力，是在正念的引导下尽最大努力，而不是在欲望引导下玩命狂奔，明白了这一点，就会理解首先要做对的事、做自己喜欢的事、做利他的事，唯有如此，才会力量无穷。

第四，养浩然正气，培养长远的眼光和广阔的视野，此乃在职业之途坚守信念的关键所在。正如《道德经》中的"大方无隅"，这简短而深邃的话语宛如晨钟暮鼓，振聋发聩，提醒着职场人，在职业发展的过程中，切不可被眼前那看似诱人的利益和一时的得失蒙蔽。职场人应如翱翔于九霄之上的雄鹰，拥有俯瞰大地的视角，从更为宏观、更为长远的角度去审视职业发展的道路。当拥有了高瞻远瞩的规划和广阔的视野时，便如同在心灵深处筑牢了一座坚不可摧的堡垒，即便遭遇一时的狂风暴雨，即便陷入暂时的困境泥沼，内心的信念也不会如脆弱的芦苇般轻易动摇，而是会像那屹立千年的巨石，稳如泰山，坚定不移。孟子曰："吾善养吾浩然之气。"浩然之气，是一种超越凡俗的精神力量，是天地之间最具正能量的物质，是信念力得以提升的根基所在。具体的养气之法，可以从以下几个方面着手。

一是克己之欲。欲望，是人性中与生俱来的一部分，有其存在的必然性。然而，职场人既不能对其视而不见，也绝不能任其肆意泛滥。必须时刻保持清醒的头脑，谨记物欲犹如缰绳，若不加节制，便会让自身在欲望的泥沼中越陷越深。只有懂得克制自己的欲望，才能真正做到以身作则，开启通往浩然正气的第一步。

二是舍己之利。追求利益本是世间常理，无可厚非。然而，对于那些处于领导地位的人而言，他们更应心怀天下，范仲淹曰："先天下之忧而忧，后天下之乐而乐。"吃苦在先、享乐在后，绝不仅仅是挂在嘴边的一句空洞口号，而应是铭刻于心的行为准则。当职场人能够将自身利益推及集体，将个人得失与集体荣辱紧密相连时，他们便领悟了浩然正气养成的重要心法。这种舍己为公的精神，如同春风化雨滋润心田，让浩然正气在灵魂深处生根发芽。

三是去己之病。这里所说的"病"，是指那些在工作中养成的不良习气和在生活里沾染的毛病。俗话说，当局者迷，旁观者清，自身的问题在他人的眼睛里是无所遁形的。若想让他人改过并善待自己，我们必须先从自身入手，以刮骨疗毒的勇气和决心反省自己的言行举止。曾子云："吾日三省吾身。"只有通过不断地反思，才能发现自身的不足，进而迁善改过，去除这些"病根"，让自己的身心更加健康，为浩然正气的养成扫除障碍。

四是惕己之慢。在职业发展的道路上，职场人要谨防知识的偏见与权力的傲慢这两大"毒瘤"。不少人身居高位之后，便忘乎所以，轻慢怠人。他们以自己有限的知识和手中的权力为傲，久而久之，便陷入自以为高明伟大的幻觉之中。然而，傲慢就像一堵无形的墙，会让他们逐渐失去人心，丧失德行，进而在管理上漏洞百出。长此以往，因傲慢而丢职丧身者不在少数。职场人要时刻警惕这种傲慢情绪的滋生，保持谦逊的态度，让浩然正气的种子在谦逊的土壤中茁壮成长。

五是制己之怒。古往今来，多少人因一时之怒而酿成大祸。林则徐深知愤怒的危害，于是书写"制怒"二字悬于书房，时刻提醒自己保持冷静。愤怒就像一把双刃剑，既能伤人，也能伤己。在职场中，无论是面对工作的压力还是人际的冲突，职场人要学会控制自己的情绪，避免被愤怒冲昏头脑。只有这样，职场人才能在复杂多变的职场环境中保持理智，让浩然正气不被怒火所侵蚀。

第十章

在管理实践中提升人本能力

《论语·里仁》中说:"见贤思齐焉,见不贤而内自省也。"

第一节 人本能力的理解

一、孔子对人本能力的见解

《史记·孔子世家》中记载,孔子在童年和少年时期面对家庭的败落和生活的艰辛,毫不抱怨和指责,他曾说:"不怨天,不尤人,下学而上达,知我者其天乎!"有人问孔子的学生,孔子是个什么样的人,孔子告诉学生要这么回答:"发愤忘食,乐以忘忧,不知老之将至云尔。"孔子自始至终保持着谦恭学习之心,他一生几次拜见老子,向老子请教学习,说老子高深莫测,由内而外对老子充满了佩服之心。

孔子总能深入思考,有异于常人的独特见解。例如:如何看待比自己优秀的人,他说"见贤思齐",这是多么高的境界啊;如何面对过错,他说"过则勿惮改",有了过错就要勇敢面对,不怕改正完善;如何理解人生的追求,他说"朝闻道,夕死可矣",在弘扬道义面前,生死都不足惜。所以，他的学生曾子说："士不可以不弘毅，任重而道远。仁以为己任，不亦重乎？死而后已，不亦远乎？"正是这样有追求与抱负的贤者自强不息，利于大众，勇于任事，奠定了中华文明的底色。孔子一生达到了什么境界？这是大家都关心的问题。对此，他本人有很好的总结："吾十有五而志于学，三十而立，四十而不惑，五十而知天命，六十而耳顺，七十而从心所欲，不逾矩。"

十五有志于学，十五岁的孔子已经清晰地知道自己的人生目标和使命，给我们的启发是人生需要早立志，找到自己为之终生奋斗的目标，路阻且坚，行则不远。三十而立，立的不是世俗的家庭、工作，而是看问题、观察世界的正知正见，有自己独立的人格和思考能力，具备判断人和事物的能力。四十而不惑，是指人情通达，心思通透。不惑的背后是对事物规律的把握，对人心人性的洞察，对利益关系的了解，对前因后果的理解，物有本末，事有始终，掌握规律，又有何惑？五十而知天命，这个境界很高，不仅了解外部规律，更深入了解人在社会中如何生存，对生命的认知都已非常清楚，知道自己的使命，便能心无旁鹜，达到目标。六十而耳顺，就是无论什么都乐意听进去，并且闻过则喜，如孔子所说"有鄙夫问于我，空空如也"，才能兼听则明，客观全面地看待问题。七十而从心所欲，说明孔子做到了人心即道心，做到了对人性弱点的超越，能够将道德外化为行动，以良知做事，超越人欲，符合了大道。

二、一心应万物

在职场中，人本之心是指职场人在履行职责时，始终将人的需求和利益放在首位，以人的全面发展为出发点和归宿。这种心态强调关注人的内在价值，尊重人的个性和差异，致力于实现人与职业的和谐共生。

《道德经》中的"道生一,一生二,二生三,三生万物",揭示了宇宙万物生成演化的规律。从职场人本之心的角度来看,这个过程可以理解为职场人面对复杂多变的职场环境时,应像"道"一样,具备一种包容万物的心态。这种心态使得职场人能够超越个人的局限,以更宽广的胸怀去理解和应对职业中的各种挑战和机遇。

《道德经》中的"人法地,地法天,天法道,道法自然",强调了顺应自然规律的重要性。对于职场人本之心而言,意味着职场人在处理工作事务时,应遵循职业发展的内在规律,尊重职业的本质和特点。在追求事业成功的同时,注重人的尊严和价值,避免过度追求利益而忽视人的需求。

《论语》中,"仁"是儒家思想中最核心的词语之一,在"仁"的问题上,孔子并没有一个固定说法。颜回问什么是"仁",孔子说"克己复礼为仁"。子贡问同样的问题,孔子说"夫仁者,己欲立而立人,己欲达而达人"。同一个问题,答案却不同。颜回和子贡是孔子比较有代表性的学生,颜回修为很好,家境贫寒,而子贡是成功的商人。因此,孔子告诉颜回,你有能力做好"内圣"的功夫,就要"克己复礼";而子贡,作为大家眼里较成功的人,决不能只关注自己的小收入和小幸福,推己至人、造福大众才是"仁"。因材施教,夫子诚不我欺!

"仁"不是一个僵化的概念,这种高度的智慧如同一面镜子,没有立场,没有预设,在不同场合、不同对象显不同的相,具体执行过程,自然要因材施教,对症下药,方能妙用无穷,也充分体现了"一心应万物"。

职场人在职业实践中始终关注人的内在需求和价值,以包容万物的心态去应对职业挑战,追求人与职业的和谐共生。这种心态不仅有助于提升职场人的个人素养和职业发展水平,也有助于推动整个社会的和谐与进步。

三、内心力量和自我觉醒

王阳明的心学体系，强调人的内心力量和自我觉醒，对于人本能力的理解有着深刻的洞见，包括心即理、致良知、知行合一、心外无物、悟道修心等。

1. 心即理，自我觉醒

阳明心学认为，"心即理"意味着人的内心具有天生的理性和智慧。这种理性并非外在灌输，而是源自内心的自我觉醒。通过反思和内省，人们可以认识到内心的真实想法和本性，从而实现自我觉醒，进而发挥出人本能力。

2. 致良知，本真发掘

"致良知"是阳明心学的又一核心思想。良知是人心中的天理，是善恶是非的判断标准。通过致良知，人们可以发掘出内心的本真，认清自己的价值和使命，进而在人生道路上坚定信念，发挥出更大的人本能力。

3. 知行合一，实践至上

阳明心学强调"知行合一"，认为知识和行动是相辅相成的。只有将知识转化为实际行动，才能真正实现其价值。这种实践至上的理念鼓励人们勇于尝试、不断实践，从而在实践中锻炼和提升自己的人本能力。

4. 心外无物，境随心转

阳明心学认为，"心外无物"即心外没有独立的、不依赖于心灵的客观存在。职场人的世界是其内心的投影，他们的心境决定了他们看待世界的方式。通过调整心态，职场人可以改变对世界的看法，从而更好地应对生活中的各种挑战。这种境随心转的理念鼓励人们保持积极的心态，以乐观的态度面对生活中的困难和挑战，从而发挥出更强大的人本能力。

5.悟道修心，成就本我

阳明心学强调通过悟道修心来实现人的成长和进步。修心是不断提升自身的道德品质和精神境界，通过反省和修正自身的缺点和不足，使自己逐渐接近理想的本我状态。悟道则是指在修心的过程中逐渐领悟天地间的真理和智慧，使自己的思想更加深邃和透彻。通过悟道修心，人们可以不断提升自己的人本能力，实现自身的价值和使命。

这些对人本能力的理解，为职场人在职业实践中发挥和提升自己的人本能力提供了宝贵的指导。

第二节　提升人本能力的路径

《中庸》中曰："成己，仁也；成物，知也。"这句话虽然直接讨论的是成就自己与成就他人的关系，但其中蕴含的"成己"理念，即完善自我、发挥个人潜能，通过职业工作去充实自己的人生，也可视为一种"成己"的过程。

老子在《道德经》中提到"自知者明"的观点，即了解自己的人是明智的。这可引申为，在职场中，认识并发挥自己的个性与风格，正是对自己有深刻认识的表现。虽然道家不直接强调通过工作来充实人生，但其尊重个体、顺应自然的思想，也隐含着鼓励每个人按照自己的本性去生活、去工作的意思。一个人在职场中，最重要的是能发挥自己的个性与风格，自己的人生无人可替代，可以通过工作去充实它。在职业发展中，提升自我人本能力至关重要，不仅有助于职场人在工作中取得更好的成绩，还能让职场人在生活中更加自信和满足。儒道思想为职场人提供了宝贵的启示和指导，帮助职场人在工作中不断提升人本能力。

一、学习孔子的人本精神

做一个有觉悟的人，将职业生涯的每一步都视为修行，在每一次工作实践中深刻领悟人生的真谛，让自己在职业道路上不虚此行。孔子一生"有志于学"，这种志向并非空洞的理想，而是对知识和能力的不断追求。在职场，职场人应该树立远大的志向，通过不断学习和实践，提升自己的专业能力，扩展自己的知识领域，以应对日益复杂的职业挑战，在工作中的每一件事上反省自己的缺点与不足，改正自己，提升自我修养。

"非学无以广才，非志无以成学"（诸葛亮《诫子书》）。有了高远的志向，职场人才能不畏浮云遮望眼，一心只向职业的最高层迈进。这种志向不仅让职场人在职业道路上保持坚定的方向，更能激发他们内心深处的力量去克服一切困难和挫折。同时，心中有大义，去蝇头小利，这也是孔子人生精神的重要体现。在职场中，职场人应该以大局为重，不为一时的得失动摇，而是追求长远的利益和价值。

"千磨万击还坚劲，任尔东西南北风"（郑燮《竹石》）。在职业生涯中，职场人应该有自己的最高追求——实现自我价值和社会价值的统一。这种追求决定了一个人的职业层次和境界。只有真正看开富贵贫贱、权力金钱，才能达到北宋张载先生所说的"四为"使命：为天地立心，为生民立命，为往圣继绝学，为万世开太平。

仁者爱人，做一个充满大爱的人，职场人才能在职业道路上保持清醒的头脑，不被外物所迷惑。对社会、对公众、对弱势群体多一份同情与责任，这是人本能力提升的重要体现。推己至人，在注重生命个体价值的同时，孝顺父母、友爱兄弟、亲近朋友，更要有家国情怀。一个充满亲情的社会，才是一个真正文明富足的祥和盛世。见贤思齐。做一个不断反省和提高的人，遇到问题从自己身上找原因，不抱怨、不指责、不发牢骚、不迁怒，反求诸己，不怪环境和他人，从自我修正做起，力所能及地影响社会。和而不同。在多元化的信息时代，人们面对的是不同国家、不同民族、不同文化习俗和生活习惯的人，既要放空自己、学习别人，又要立足根本、敞开怀抱，才能博采众长，为我所用，展示更多的精彩。

二、学习老子的做人境界

学习老子"上善若水，水善利万物而不争"的境界。职场人应该像水一样，以善良和谦逊的态度对待同事和合作伙伴，以共赢为目标，不过分追求个人利益。如此一来，不仅能营造良好的人际关系，还能提高团队协作的效率。正如老子所言："夫唯不争，故天下莫能与之争。"通过保持平和的心态，可以更好地应对职场中的竞争和压力。

学习老子"无为而治"的思想，其可以为职场人提供职业指导。在职场中，不必过分追求表面的成就和荣誉，而是应该注重内在的修炼和提升。通过不断学习和实践，提高自己的专业素养和综合能力，以更好地适应职场的变化和发展。同时，也应该学会放下过多的欲望和执念，以更加轻松和自在的心态面对工作。

学习老子的"知人者智，自知者明"。职场人应该学会认识和了解他人，尊重他人的差异和个性，以便更好地与他人合作和交流。同时，也要保持清醒的头脑，时刻审视自己的行为和思想，及时发现并改正自己的错误和不足。这样不仅能提升个人的职业素养，还能为团队的发展做出更大的贡献。

学习老子"道法自然"的思想。职场人应该顺应自然规律，尊重事物的本质和内在逻辑，以更加理性和科学的方式处理问题。同时，也要保持一颗平常心，不为外界的赞誉或诋毁动摇，以坚定的信念和毅力追求自己的职业目标。

三、人本能力与职业贡献

在当今快速发展的职场环境中，人本能力不仅是个人职业发展的重要基石，也是个体在职业生涯中做出积极贡献的关键所在。

提升专业技能是发挥人本能力、做出职业贡献的基础。个体应不断深化对专业知识的理解和掌握，通过参加培训、阅读专业文献、参与实践项目等方式，不断提升自己的专业素养和技能水平。同时，也要关注行业动态和技术发展趋势，及时更新自己的知识和技能结构。

职场中，沟通协作能力至关重要。有效的沟通可以消除误解、提高工作效率，而良好的协作能够整合资源、实现共赢。个体应注重提升自己在倾听、表达、反馈及团队合作等方面的技巧和能力。通过积极参与团队活动、分享经验、提供帮助等方式，增强自己在团队中的影响力和凝聚力。

培养创新思维，创新是推动职业发展的重要动力。个体应注重培养自己的创新思维和创新能力，勇于尝试新的方法、技术和思路，不断探索解决问题的新途径。同时，也要保持开放的心态和敏锐的洞察力，及时捕捉市场变化和客户需求，为组织的发展提供新的思路和方向。

保持持续学习。职场中的知识和技能是不断更新和演变的，个体应保持持续学习的态度，不断吸收新知识、掌握新技能。通过参加培训、自学、在线学习等方式，不断更新自己的知识体系和能力结构。同时，也要注重学习的实效性和针对性，将学习成果转化为实际工作中的能力和业绩。

人本能力助力职业成长。发挥人本能力在职业中做出贡献的过程，也是个体职业成长和发展的过程。通过不断提升专业技能、发挥沟通协作能力、培养创新思维以及保持持续学习等方式，个体可以逐步提升自己的职业竞争力和影响力，实现个人职业发展的目标和梦想。

"天行健，君子以自强不息"揭示职场人在职业生涯中应具备的坚定意志和不屈精神。在职业发展道路上，职场人时常遭遇各种困难和挑战，但正是这些经历，塑造了职场人的坚韧与毅力。自强不息，意味着职场人不仅要面对困难，更要主动挑战自我、超越自我。无论是专业技能的提升，还是职业素养的打磨，都需要职场人付出持续的努力和不懈的追求。这种精神不仅能够帮助职场人不断攀登职业高峰，更能够激励职场人在挫折和失败面前保持坚定的信念和昂扬的斗志。同时，自强不息也是一种对自我价值的不断追求和实现。职场中，职场人不仅要追求物质上的成功，更要追求精神上的成长和满足，不断提升自己的能力和境界，才能够更好地发挥自己的作用，为社会和他人做出更多的贡献。

四、职业中修炼四种人生境界

1. 不为物所累

庄子在《逍遥游》里，描写了一条名为鲲的鱼，能够化为鹏遨游九天，可以乘着六月的风一直飞到南冥，但是庄子却说它不自由，因为没有风的时候，它就只能望洋兴叹。站在风口谁都能趁势而起，这样的自由靠的是外物，在庄子的智慧中，不为外物所累可谓第一重境界。

2. 不为评价所累

一天，庄子与惠子路过濠梁的桥上，庄子说："桥下的鱼游得多快乐呀！"惠子质问："你又不是鱼，怎么知道鱼的快乐呢？"庄子回答："你又不是我，怎么知道我不知道鱼的快乐呢？"快乐是自己的，与别人无关,在庄子的智慧中,不在意外界的评价,可谓第二重境界。

3. 活出自己的样子

现从另一个角度讲一个故事。庄子拜见在梁国做国相的惠子。有一天,庄子看到一只猫头鹰正在津津有味地吃着一只腐烂的老鼠,这时候一只鸲雏飞过,猫头鹰赶紧护食,仰头大叫"吓"。庄子对惠子说:"现在你也想用你的梁国相位来吓我吗?"在庄子的智慧里,活出自己想要的样子,可谓第三重境界。

4. 找到自我

庄子与弟子走到一座山脚下,一棵大树枝繁叶茂,却无人砍伐。伐木工人说:"这棵树做船容易沉,做柱子容易腐朽,没什么用才没被砍伐。"听了此话,庄子说:"树不成材,方可无祸;人不成才,也可保身。"在庄子的智慧中,找到自我,可谓是第四重境界。

每个人的人生都是一个特别的历程,都应该活得精彩,不是每条鱼都应该生活在海里,也不是每只鸟都可以遨游在天上。想活得逍遥自在的人,都需要读懂庄子的四重人生智慧:不滞于物,不固于心,不乱于人,找到自我。

第十一章

在管理实践中提升自我激励能力

《庄子》中言:"吾生也有涯,而知也无涯。以有涯随无涯,殆已!已而为知者,殆而已矣!"

第一节 自我激励能力培养

自我激励能力是管理者面对复杂多变的工作环境时,能够自发地产生动力,持续追求目标并付诸实践的关键能力。在管理的特定情境下,个人应面对挑战、抓住机遇,以培养和提升自我激励能力。

一、管理情境中的自我激励能力培养

1. 儒家"自强不息"与自我激励

儒家思想强调"天行健,君子以自强不息"(《周易》)。这句话意味着,天道运行刚健不息,君子应效仿天道,不断自我勉励,永不停息。在管理情境下,个人应以此为鉴,无论面对何种挑战,都应保持自强不息的精神,不断激发内心的动力,培养和提升自我激励能力。

2. 道家"无为而治"与顺应自然

道家思想主张"无为而治",强调顺应自然,不过度干预。在管理实践中,这意味着个人应学会在适当的时候放手,让事情自然发展,同时保持内心的平静与从容。这种顺应自然的态度,有助于个人面对挑战时保持冷静,从容应对,从而培养和提升自我激励能力。《道德经》中言:"道常无为而无不为。"真正的道,往往看似无为,实则无所不为。古代名臣诸葛亮便是一个典型的例子,他在治理蜀国时,注重顺应民心,不过度干预百姓生活,使得蜀国在三国鼎立的局面中保持了较长时间的稳定与繁荣。

二、以儒家的"坚韧不拔"面对挑战

在管理情境中,个人常常面临各种挑战,如团队冲突、项目压力、市场变化等。面对这些挑战,儒家思想中的"坚韧不拔"精神尤为重要。《论语》有云:"岁寒,然后知松柏之后凋也。"只有在严寒的冬天,才能看出松柏的最后凋零。这句话的寓意是,在困境中才能真正看出一个人的坚韧品质。管理者面对挑战时,应如松柏一般,保持坚韧不拔的精神,不畏艰难,勇往直前。这种精神不仅能够帮助个人克服眼前的困难,还能够帮助个人在不断挑战自我的过程中,培养和提升自我激励能力。例如,乔布斯在苹果公司的低谷期,面对巨大的市场压力和内部团队冲突,仍然坚持自己的创新理念,不断激励团队,最终带领苹果公司走出困境,实现了辉煌的复兴。

三、以道家的"顺应时势"为策抓机遇

在管理情境中,机遇往往与挑战并存。如何抓住机遇,实现个人和组织的共同发展,是管理者需要思考的问题。道家思想中的"顺应时

势"策略，为此提供了有益的启示。《道德经》有言："动善时。"行动要善于把握时机。这意味着，管理者应学会观察时势，顺应时势，以在合适的时机采取行动。

抓住机遇，不仅需要敏锐的洞察力，更需要果断的行动力。管理者应在日常工作中保持警觉，时刻关注市场动态、行业趋势以及组织内部的变化，以便在机遇出现时迅速做出反应。抓住机遇，个人不仅能够在实践中锻炼和提升自我激励能力，还能够为组织的发展做出贡献。例如，商鞅敏锐地察觉到秦国需要改革的时机，果断地提出变法方案，并成功地得到秦孝公的支持。他的行动不仅提升了自己的政治地位，也为秦国的强大奠定基础。

四、儒家"三省吾身"与道家"静观其变"

在实践中培养和提升自我激励能力，离不开个人的不断反思与学习。儒家思想中的"三省吾身"(《论语》)，即每天多次反省自己，检查自己的言行是否符合道德和规范。管理者应定期回顾自己的工作表现，思考哪些行为有助于自我激励能力的培养，哪些行为需要改进。

同时，道家思想中的"静观其变"(《道德经》)，也为个人的反思提供有益的视角。面对复杂多变的管理情境时，管理者应保持内心的平静与从容，静观事态的发展，以便更好地应对挑战和抓住机遇。通过实践与反思的结合，个人能够在不断积累经验的过程中，逐步提升自我激励能力。正如《大学》所言："苟日新，日日新，又日新。"只有不断自我更新、自我激励，才能在管理的道路上不断前行、不断进步。职场人应该始终坚持"三省吾身"的原则，不断反思自己的经营策略和管理方式，同时保持"静观其变"的态度，从容面对突如其来的市场变化。

第二节　自我激励策略探索

自我激励是指个体在没有外部奖励或惩罚的情况下，能够自发地产生动力，追求目标并付诸实践。在管理实践中，自我激励能力是一项至关重要的技能。它不仅能够帮助个体面对挑战和困难时保持积极的心态，还能够帮助个体持续提升工作动力和绩效。一个具备高度自我激励能力的管理者，不仅自身能够更好地应对工作中的压力和挑战，还能够激发团队成员的积极性和创造力，从而推动整个团队的高效运作。正如儒家经典《大学》所言："知止而后有定，定而后能静，静而后能安，安而后能虑，虑而后能得。"明确的目标与坚定的自我激励，是管理者实现事业成功的基石。

一、有效的自我激励策略

1. 设定明确的目标：儒家"立志"思想

目标是自我激励的起点。儒家强调"立志"，即确立明确的志向和目标。在管理实践中，管理者应该学会为自己和团队设定SMART（specific 具体的、measurable 可衡量的、achievable 可达成的、relevant 相关性的、time-bound 有时限的）目标。这样的目标既具有挑战性又具备可行性，能够激发个体的潜能和积极性。正如《论语》所言："三军可夺帅也，匹夫不可夺志也。"坚定的志向是自我激励的源泉。

2. 培养积极的心态：道家"无为而治"思想

积极的心态是自我激励的基石。道家思想中的"无为而治"与"顺应自然"，并非消极避世，而是强调以平和的心态面对世事，不为外物所动。在管理实践中，这意味着管理者应保持冷静与理性，不要被一时的困难或挫折击垮。培养积极心态的方法包括关注问题的积极面，学会感恩,与乐观的人为伍等。道家经典《道德经》有云:"上善若水,水善利万物而不争。"管理者应如水一般,顺应环境,保持柔韧与积极。志存高远,方能行稳致远。《庄子·逍遥游》里大鹏与学鸠的故事,恰似一则生动鲜活的励志寓言,为志向的力量写下注脚。大鹏生就垂天之巨翼,胸膛中满溢青云壮志,心向遥不可及的南冥之地,为跨越这漫漫征途,它无畏风雨、不惧路遥,振翅高飞,倾尽所有努力。反观学鸠与蝉,囿于自身狭小视野,满足于在树梢低空徘徊,听闻大鹏宏愿,竟哂笑其"费力不讨好"。殊不知,大鹏的眼界、格局与坚毅行动,是它们远远达不到。

"有志者事竟成"绝非空洞的口号,志向恰似人生征途的精准罗盘、远航巨轮的明亮灯塔,引领人们穿越迷雾,破浪前行。大鹏与学鸠的本质区别,从来不在于身形大小、力量强弱,而在于志向的天壤之别。人生之路漫漫,我们务必锤炼强大的内心,拓展广阔的胸怀,挣脱眼前琐碎的羁绊,将目光投向远方辽阔的天地。唯有怀揣奔赴天涯海角的壮志豪情,方能在岁月长河中谱写波澜壮阔的生命华章,镌刻下独属于勇者与逐梦者的辉煌印记。

3. 寻求反馈与认可:儒家"反求诸己"

反馈和认可是自我激励的重要来源。儒家提倡"反求诸己",即遇到问题时先从自身找原因。在管理实践中,管理者应主动寻求他人的反馈和认可,以了解自己的表现和不足,并及时调整自己的行为和策略。同时,应给予团队成员及时的反馈和认可,激发他们的积极性和创造力。《孟子》中言:"行有不得者,皆反求诸己,其身正而天下归之。"通过自我反省,管理者可以不断提升自我,进而激励团队。

4. 保持学习与成长：道家"日新月异"

学习与成长是自我激励的持久动力。道家思想强调"日新月异"，即事物不断变化，人亦应不断学习与成长。管理者应参加培训课程、阅读专业书籍、参与行业交流等，以提升自己的能力和价值。如此，方能更好地应对工作中的挑战和变化。《庄子》中言："吾生也有涯，而知也无涯。"管理者应抱有终身学习的态度，不断追求新知。

二、应用自我激励策略提升工作动力和绩效

1. 将自我激励策略融入日常管理

将自我激励策略融入日常管理是提升工作动力和绩效的关键。管理者应将设定的目标、培养的心态、寻求的反馈以及保持的学习与成长等策略融入日常工作中，使其成为自己的一种习惯和行为方式。如此，管理者便能在不断的实践中提升自我激励能力，并持续保持工作动力和较高的绩效。儒家的"修身齐家治国平天下"，就是提倡从自我管理做起，方能成就大业。

2. 激发团队成员的自我激励能力

管理者，除了提升自我激励能力外，还应关注对团队成员自我激励能力的培养和激发。可通过设定团队目标、鼓励团队成员参与决策、提供及时的反馈和认可，以及为团队成员提供学习和成长的机会等方式，激发他们的自我激励能力。当团队成员都具备高度的自我激励能力时，整个团队的绩效和创造力都将得到显著提升。这与道家"无为而治"的思想相呼应，管理者应让团队成员在明确的目标和规则下自由发挥，实现自我激励。

3. 应对挑战与困难时的自我激励策略

在管理实践中，挑战和困难是不可避免的。面对挑战和困难时，管

理者需要运用自我激励策略来保持冷静和积极的心态，可以通过回顾自己的目标和价值观、寻求他人的帮助和支持，以及调整自己的策略和方法等方式来应对。同时，也应从挑战和困难中吸取经验和教训，不断提升自己的能力和智慧。儒家的"天将降大任于斯人也，必先苦其心志，劳其筋骨"的观点，正是对此的最好诠释。

三、职业生涯中应该有一颗自勉之心

在职场征途上，职场人不仅需要专业的知识和技能，更需要一颗自勉之心。这种自勉，与孔子追求的"学而时习之，不亦说乎"和老子强调的"自知者明，自胜者强"的思想不谋而合。

孔子曰："知之者不如好之者，好之者不如乐之者。"这提醒职场人，在职场中，仅有知识和技能是远远不够的，真正的卓越者是将职业当作乐趣，不断自勉，持续学习。他们以积极的心态迎接每一次挑战，以专业的精神对待每一项任务，这正是自勉之心的体现。

老子曰："胜人者有力，自胜者强。"这句话深刻阐述了自勉之心的力量。职场人不仅要超越他人，更要超越自我。通过不断地自我反省，自勉自励，职场人才能战胜自身的惰性，突破自身的局限，实现职业生涯的飞跃。

同时，自勉之心也是塑造职业形象的关键。孔子强调"君子欲讷于言而敏于行"，这句话启迪职场人在职场中少说空话，多做实事。老子则提倡"大道至简"，这句话倡导职场人应以简洁、高效的方式处理工作事务。这些思想都体现了自勉之心在职业形象塑造中的重要作用。

总之，职场人应该怀揣一颗自勉之心，以孔子的追求为引导，以老子的智慧为指引，不断提升自我，追求卓越。只有这样，职场人才能在竞争激烈的职场中脱颖而出，实现个人和职业生涯的双重成功。

第三节　自我激励实施路径

人生是一段充满曲折与挑战的旅程，而境界与自我激励便是这一旅程中的两个重要驱动力。境界的高低决定了人们对生活理解的深度和广度，而自我激励则是人们不断前行、不断进步的动力源泉。尤其对个人职业而言，自我激励的作用更是不可忽视。在此，从职业的多个角度探讨人生境界与自我激励之间的关系，以及自我激励如何在个人职业中发挥作用。

一、境界影响激励程度：找到职业中自我激励的开关

人生境界可以理解为对生命、世界和自我认知的层次和深度。人生境界好比人生的指南针，人生境界有多高，被激励的程度就有多高。境界越高，个人对职业的认识越深刻，自我激励的程度也相应提高。高境界的职场人能够更清晰地看到职业发展的长远目标，从而更加积极地面对挑战和困难，实现职业成长。

同时，职业境界的高度确实对激励的强度产生深远影响。一个高的职业境界能够激发个体更深层次的动机和动力，推动其不断超越自我，追求卓越。下面以同仁堂创始人乐显扬为例，具体说明这一点。

同仁堂是中国知名的中药品牌，其创始人乐显扬以其深厚的医学造诣和高尚的医德，创立了这一享誉中外的医药企业。乐显扬的职业境界非常高，他坚信医药事业关乎人民健康和生命安全，因此始终将患者的利益放在首位，致力于提供高质量的中药产品和服务。同仁堂在350多年的风雨历程中，始终恪守"炮制虽繁必不敢省人工，品味虽贵必不敢减物力"的古训，树立"修合无人见，存心有天知"的自律意识，造就了制药过程中兢兢小心、精益求精的严细精神。其产品以"配方独特、

选料上乘、工艺精湛、疗效显著"而享誉海内外。

乐显扬的高境界对其激励强度产生了显著影响。首先,他对医药事业的深厚情感和坚定信念,使他在面对困难和挑战时能够保持坚定的决心和毅力。例如,在创立同仁堂的初期,乐显扬面临着资金短缺、市场竞争激烈等困难,但他凭借对医药事业的热爱和对患者的责任感,克服重重阻碍,不断发展和完善同仁堂。其次,乐显扬的高境界也激发他生出不断学习和创新的动力。他深知医学知识博大精深,因此始终保持对新知识的渴望和探索。他不断研究新的药材和配方,提高中药的疗效和安全性,期盼为患者带来更好的治疗效果。这种对医术的不懈追求和创新精神,正是乐显扬高境界激励强度的体现。最后,乐显扬的高境界还体现在他对企业的长远规划和战略思考上。他明白同仁堂的发展需要建立在稳健和可持续发展的基础上,因此注重企业的品牌建设和文化传承。他制定一系列的企业制度和道德规范,确保同仁堂的可持续发展和社会信誉。这种对企业的深远规划和责任感,也是乐显扬高境界激励强度的体现。

二、自我认知与定位:开启职业自我激励的密钥

在当今竞争激烈的职场环境中,实现自我激励对个人的职业发展至关重要。自我认知和自我定位是这条激励之路上的关键基石。

自我认知是对自身性格、能力、优势、劣势以及兴趣爱好等方面的清晰了解。只有深刻洞察自己,职场人才能明确自己在职场中的价值和方向。例如,一个善于沟通但逻辑思维稍弱的人,更适合从事销售或客户关系管理等与人打交道较多的工作,而不是数据分析或编程等对逻辑要求极高的岗位。

自我定位则是基于自我认知,在职业领域中找准自己的位置。无论

是追求管理岗位的晋升，还是成为某个领域的技术专家，清晰的自我定位能够助其制定出切实可行的职业规划，避免盲目跟风和频繁跳槽。

任正非的创业历程便是一个极具说服力的案例。在创业初期，任正非就对自己有着清晰的认知，他深知自己具备坚韧不拔的毅力、对技术发展的敏锐洞察力以及强大的领导力。同时，他也清楚地看到国内通信市场的巨大潜力和需求，精准地将华为定位为专注于通信技术研发和服务的企业。

然而，华为的发展并非一帆风顺。面对来自国内外竞争对手的巨大压力、技术封锁以及资金短缺等重重困难时，任正非始终坚守着自己的信念。他的自我认知和定位让他坚信通信行业是国家发展的关键领域，华为有能力也有责任在这个领域取得突破。比如，在技术研发方面，当遭遇国外企业的技术垄断时，任正非没有丝毫的退缩。他激励团队不断创新，加大研发投入，坚信凭借华为人的智慧和努力一定能够攻克难关。正是这种毫不动摇的信念和强大的自我激励，使华为在通信技术领域逐渐取得领先地位，并从一个小企业发展成全球知名的通信巨头。

总之，自我认知和自我定位是实现职业自我激励的重要路径。在职业发展中，它们帮助职场人认清自己，找准方向，激发内在的动力，不断追求职业的成功和个人的成长。职场人可以通过定期的自我反思、寻求他人的反馈以及参与职业测评等方式来增强自我认知。同时，结合市场需求和自身发展愿望，确定自己在行业中的独特定位。

三、克服困难与挑战：在职业中不断自我超越

不管是创业者还是从业者，其在职业发展过程中都会遭遇困难，而自我激励正是战胜困难的关键。《论语》中言："学而时习之，不亦说乎？"自我激励，便是职业道路上战胜一切困难的利剑。那些达到高境

界的职场人,他们深知只有以更加积极的心态去面对每一个挑战,才能在其中找到成长的机会和价值。《道德经》云:"反者道之动,弱者道之用。"他们不断调整自己的方法和策略,灵活应对,以适应不断变化的市场环境和职业要求。

1. 自我超越是实现职业发展的重要途径

不断地学习和提升可以突破自己的舒适区,实现职业能力的跨越式提升。这种自我超越不仅有助于职场人在职业发展中取得更好的成绩,还能够增强职场人的自信心和成就感,进一步激发自我激励的动力。自我超越是实现职业发展的重要途径。以托马斯·爱迪生为例,这位伟大的发明家即使经历了无数次的失败、遭遇了很多困难,但从未放弃过对电灯的研制。他不断尝试新的材料和方法,终于成功发明能够持续发光的电灯。他的职业生涯就是一个不断自我超越的过程。

2. 在自我超越中实现自主自强,心灵成长

王阳明曰:"圣人之道,吾性自足。性中自足,无需外求,励志之语,自信之源。"这句话鼓励人们保持自主自强的精神,不断追求心灵的成长和进步。自主意味着独立思考、自主决策,不依赖他人的意志和判断;自强则是指在面对困难和挑战时坚持不懈、勇往直前。保持自主自强的精神,人们可以在人生的道路上不断前进,实现自我超越和成长。借鉴张海迪的例子,尽管她高位截瘫,但从未向命运低头。她凭借自己的毅力和决心,不仅学会多门外语,还成为知名作家和翻译家。在自我超越的过程中,人们实现心灵的成长和进步,更在每一次的超越中,找到自己的价值和意义。

四、激励与境界提升循环:职业实践中的相互促进

在职业发展中,自我激励与境界提升之间同样存在一个循环的关系。

自我激励意识推动人们去追求更高的职业境界，而境界的提升又反过来提升自我激励能力。这个循环不断推动人们向前发展，实现职业生涯的飞跃。

在实践中，境界与自我激励的关系体现得尤为明显。职场人需要将自我激励融入日常工作中，通过设定明确的目标、制定详细的计划、不断学习和提升等方式来激发自己的内在动力。同时，职场人还要学会从工作中吸取经验和教训，不断提升自己的境界水平，以便更好地应对职业挑战和机遇。

事上磨炼，能力提升。阳明心学认为，人的能力需要在具体的事情上不断磨炼才能得到提升。面对各种挑战和困难，人们可以不断突破自我、超越自我，从而实现能力的提升和成长。这种在事上磨炼的理念有助于人们在实践中不断提升自己的人本能力。

总之，人生境界与自我激励在个人职业中发挥着重要的作用。通过提升境界、明确自我认知与定位、设定目标并追求、克服困难与挑战以及不断自我超越等方式，职场人可以充分发挥自我激励的作用，实现职业生涯的顺利发展。在这个过程中，职场人需要保持开放的心态和积极的态度，不断学习和成长，以更好地应对未来的挑战和机遇。

第十二章

在管理实践中提升沟通能力

《孟子》中言:"天时不如地利,地利不如人和。"

第一节 会沟通所具备的条件

一、真诚之心:沟通的基石

《孟子》中云:"诚者,天之道也;思诚者,人之道也。"在儒家学说的价值体系里,真诚是沟通的首要条件,宛如大厦之基石,是修身齐家的根本所在。古往今来,无数事例印证了真诚在沟通中的力量。

蔺相如完璧归赵后,因功被封为上卿,位在廉颇之上。廉颇心生不满,扬言要羞辱蔺相如。蔺相如得知后,并未针锋相对,而是处处避让。他的门客不解,蔺相如解释道:"强秦之所以不敢加兵于赵者,徒以吾两人在也。今两虎共斗,其势不俱生。吾所以为此者,以先国家之急而后私仇也。"蔺相如以真诚之心对待廉颇,从赵国的大局出发,坦诚相告自己的想法。廉颇听闻后,深受感动,最终负荆请罪。两人的矛盾因蔺相如的真诚而化解了,成就"将相和"的美谈,也使赵国得以在强秦环伺下保持稳定。

真诚，意味着坦诚相见、实话实说，不以虚伪的言辞误导他人。在职场中，真诚同样有着至关重要的意义。例如，在项目合作中，若出现问题，真诚的员工会主动承认失误，向团队成员如实说明情况，而不是推诿责任。这种真诚能让团队成员之间建立起信任，更好地解决问题，推动项目的顺利进行。

二、同理之心：沟通的桥梁

《孟子》强调"老吾老以及人之老，幼吾幼以及人之幼"，此句深刻体现了儒家学说中的同理心。这种同理心，就像一座桥梁，连接着人与人的心灵。

孔子的弟子闵子骞的故事便是同理心的典范。闵子骞的继母给他做棉衣，里面填充的是芦花，而给他的弟弟们做棉衣，里面填充的是棉花。闵子骞的父亲得知后要休妻，闵子骞却为继母求情，他说："母在一子寒，母去三子单。"闵子骞站在继母和弟弟的角度思考，理解家庭和睦的重要性，以同理心化解了家庭危机。

在职场中，同理心也不可或缺。例如，客户投诉时，有同理心的员工不会急于辩解，而是耐心倾听客户的不满和诉求。他们能够站在客户的角度思考问题，理解客户因为产品或服务问题所遭受的困扰，从而做出恰当的回应，如诚恳道歉、积极解决问题等。这种同理心能有效缓解客户的情绪，增强客户对公司的信任，避免矛盾的进一步升级。

三、智慧之言：沟通的艺术

《孟子》中蕴含着丰富的智慧和哲理，这些智慧之言如同艺术大师手中的画笔，为沟通这幅画卷增添了绚丽的色彩，为沟通提供艺术性的指导。

战国时期，邹忌以巧妙的言辞劝谏齐威王。他没有直接指出齐威王受蒙蔽的问题，而是从自己与城北徐公比美的故事说起，通过描述自己的妻、妾、客因不同原因对自己的赞美，类比出齐威王在宫中受蒙蔽的情况。邹忌用生动形象的例子，将复杂的问题简单化，易使齐威王接受劝谏，最终齐威王广开言路，因此齐国国力大增。

在职场中，智慧之言同样重要。例如，在向领导汇报复杂的项目方案时，职场人能够用简洁明了的语言阐述核心观点，用生动的例子诠释抽象的概念。再如，将新的市场推广方案类比为一场精心策划的战役，不同的推广渠道是不同的作战部队，各司其职，共同攻占市场份额。这样的沟通方式能让领导快速理解方案的要点，增强沟通的效果，提高方案通过的概率。

四、礼仪之态：沟通的润滑剂

儒家学说强调"礼之用，和为贵"。礼仪之态，就像润滑剂一般，能使沟通顺畅运转，它不仅能够展现个人的职业素养，还能营造和谐的沟通氛围。

孔子一生尊崇礼仪。他与各国诸侯交往时，言行举止都严格遵循周礼。无论是朝见、宴会还是其他社交场合，孔子都以庄重、得体的礼仪待人接物。这种礼仪之态让他赢得各国诸侯的尊重，也为他传播自己的学说创造了良好的条件。即使在与观点不同的人交流时，孔子也能以礼相待，使交流在和谐的氛围中进行。

在职场中，礼仪之态体现在各个方面。例如，在商务会议中，准时出席、着装得体、会议中使用礼貌用语、尊重他人发言等都是礼仪的表现。一个懂得礼仪的员工在与同事、上级或客户沟通时，会让对方感受到尊重，减少因文化、习惯等差异可能产生的冲突，使沟通更加顺畅、愉快。

五、变通之智：沟通的应变能力

《周易·系辞下》中有言："穷则变，变则通，通则久。"这一智慧告诉人们，面对变化时要懂得灵活变通。在职场中，沟通环境复杂多变，职场人需要具备变通之智来应对各种突发情况。

诸葛亮舌战群儒便是变通之智的经典案例。面对东吴众多谋士的诘难，诸葛亮没有拘泥于一种应对方式。他根据不同谋士的特点和言论，灵活调整自己的回答策略。对于张昭的步步紧逼，他以事实和道理反驳；对于虞翻等人的挑衅，他则以犀利的言辞回应。诸葛亮在复杂的辩论环境中，凭借变通之智，成功说服东吴与刘备联合抗曹。

职场谈判也常常需要变通之智。例如，原本计划好的谈判方案可能因为对方提出新的条件而无法推进。此时，有变通之智的谈判者会根据新情况迅速调整策略，寻找双方都能接受的新方案，从而使谈判能够继续进行，达成互利共赢的结果。

第二节 沟通的本质与步骤

一、沟通的本质

沟通就是信息、思想、情感在人与人之间或者人与群体之间传递的复杂过程。它并非仅仅局限于简单的行为层面，实际上，它更是一种至关重要的能力，这种能力深深嵌入职业素养之中，成为其不可或缺的重要组成部分。可以从如下几个维度深入探究沟通的本质。

1. 信息传递

沟通的首要功能便是传递信息。无论是在平凡琐碎的日常生活里，还是在紧张忙碌的工作环境中，人们都会运用多种多样的方式来传递信息，包括清晰准确的语言、严谨规范的文字，以及生动丰富的肢体动作等。通过这些方式，人们期望实现信息的广泛共享，并让接收者能够真正理解信息所蕴含的意义。《孟子·公孙丑上》中记载："天时不如地利，地利不如人和。三里之城，七里之郭，环而攻之而不胜。夫环而攻之，必有得天时者矣，然而不胜者，是天时不如地利也。城非不高也，池非不深也，兵革非不坚利也，米粟非不多也，委而去之，是地利不如人和也。"孟子强调"人和"的非凡重要性。而"人和"的达成，又绝对离不开行之有效的沟通。准确无误、顺畅、高效的沟通，才能保证信息如流水般在人与人之间准确传递，就像搭建起一座坚固的桥梁，让信息顺利抵达彼岸，从而使人们能够朝着共同的目标携手前行。这种信息传递的顺畅与否，直接关系到集体行动的成败，是实现共同目标的关键。

2. 情感交流

沟通的内涵不仅仅是信息的简单传递，更是一种情感的深度交流。在沟通过程中，人们会不自觉地借助丰富多样的表达方式来传递情感，如面部微妙的表情变化、语气的轻重缓急、语调的抑扬顿挫等。这些看似细微的元素，却在沟通中扮演着至关重要的角色，是增进彼此之间理解与信任的催化剂。《论语》中曰："己所不欲，勿施于人。"这句话深刻揭示了在沟通中应遵循的重要原则，那就是要充分尊重他人、设身处地地理解他人的情感需求。沟通中注重情感交流，能够营造出和谐美好的氛围。这种和谐的人际关系，又为职业素养的进一步提升筑牢了根基，为个人在职业发展的道路上赢得更多的支持与助力。

3. 理解与共识

沟通的终极目标在于达成理解与共识。在沟通过程的每一个环节中，双方都在通过信息的交流以及情感的交互，逐步消除彼此之间可能存在的误解与分歧，如同在迷雾中寻找清晰的路径。随着沟通的深入，双方会慢慢形成共识，并据此制定行动方案。《道德经》中曰："知人者智，自知者明。胜人者有力，自胜者强。"这句话强调自我认知与理解他人的重要意义，而这恰恰是在沟通中达成理解与共识的关键所在。在沟通中做到深刻理解自己和他人，就如同在团队协作的拼图中找到关键的碎片，能够使个人与团队之间的协作与配合更加紧密无间。这种紧密的协作与配合，又会极大地提高工作的效率与质量，推动事业朝着成功的方向大步迈进。

二、沟通的过程与障碍

1. 沟通过程

沟通过程是一个复杂且有序的信息交互系统，涵盖多个关键要素，包括信息发送者、信息接收者、信息渠道、反馈等。信息发送者作为沟通的起始端，肩负着重要的使命。首先需要通过编码这一关键步骤，将自己脑海中想要传达的信息转化为一种能够被传递的形式。然后，借助合适的信息渠道，这些经过编码的信息传递给信息接收者。信息接收者在这个过程中处于信息传递的终端，他们接收到信息后，需要通过解码这一环节来理解信息的内容。解码的过程就像破译密码的过程，并非一帆风顺，它需要信息接收者运用自身的知识、经验和理解能力。理解信息之后，反馈机制便开始发挥作用。信息接收者通过反馈将自己对信息的理解结果传递给信息发送者，就像一面镜子，将接收端的情况反射给发送端。在整个沟通过程中，信息自身的准确性、完整性、及时性等因素都如同精密仪器中的关键零件，它们的状态会对最终的沟通效果产生深刻的影响。信息的准确性若出现偏差，就可能导致信息接收者理解的方向完全错误；完整性的缺失可能使信息接收者无法获得全面信息，从而做出片面的判断；及时性不足则可能让信息失去其应有的价值，使沟通变得滞后和低效。

2. 沟通障碍

实际的沟通过程可能出现各种各样的障碍，这些障碍就像道路上的绊脚石，影响沟通的效果，使得沟通无法达到理想的状态。

一是语言障碍。语言是沟通的重要工具，但也可能成为沟通的障碍。一方面，不同地区、不同民族之间的语言差异会给沟通带来挑战。当双方使用不同的语言交流时，很难准确传达和理解彼此的意图。另一方面，即使使用相同的语言，词语选择不当也会导致信息无法准确传递。词语就如同建筑材料，不合适的词语就无法勾勒出清晰、准确的信息大厦，反而可能使信息模糊不清，让接收者陷入困惑之中。

二是心理障碍。心理因素在沟通中扮演着不可忽视的角色，其中一些负面的心理状态如恐惧、自卑、傲慢等，会对沟通双方的开放性与积极性产生严重的影响。当一个人处于恐惧状态时，他可能害怕表达自己的真实想法，或者对接收的信息产生抵触情绪，就像一只受惊的小鸟，不敢展翅飞翔。自卑的人则可能过分低估自己的价值，在沟通中表现得畏畏缩缩，不敢表达自己的观点，使得信息传递效果大打折扣。傲慢的人往往自以为是，不愿意认真倾听对方的意见，这种态度就像一堵高墙，阻断了双方平等交流的通道，破坏了沟通的和谐氛围。

三是文化障碍。在全球化的今天，不同文化背景下的人们之间的交流日益频繁，但文化差异常常引发误解与分歧。不同的文化有着不同的价值观、信仰、风俗习惯等，这些文化元素融入沟通的每一个环节中。比如，在某些文化中，直接表达自己的观点被视为一种美德，而在另一些文化中，含蓄委婉的表达方式才更受欢迎。当沟通双方来自不同文化背景时，如果双方不了解这些差异，就很容易在交流中产生误解。

四是信息渠道障碍。信息渠道是沟通的桥梁，但这座桥梁也可能出现问题。在信息传递过程中，噪声干扰是一个常见的问题。噪声可能来自外部环境，如嘈杂的声音、不良的信号等，也可能来自信息本身的混乱和无序。这些噪声破坏了信息的完整性和准确性。此外，信息失真也是一个严重的问题，信息在传递过程中可能因为各种原因而发生改变。这些信息渠道障碍都会严重影响沟通的效果，使沟通双方无法准确地获取和理解信息。

三、沟通的有效步骤

有效沟通的达成，需要遵循一定的步骤。基于传统文化经典，提出如下沟通步骤。

1. 明确沟通目标

沟通前，需要明确沟通的目标与期望。这有助于双方确保沟通的方向与重点，避免出现沟通过程中偏离主题的情况。《孟子·告子上》中言："鱼，我所欲也；熊掌，亦我所欲也。二者不可得兼，舍鱼而取熊掌者也。"在沟通中，需要明确自己的目标与优先级，以便在有限的时间内达成最有效的沟通。

2. 选择合适的沟通方式

根据沟通对象、内容、环境等因素，选择合适的沟通方式，如面对面沟通、电话沟通、邮件沟通等。不同的沟通方式具有不同的特点与优势，应根据实际情况进行选择。《礼记·曲礼上》中提到："入竟而问禁，入国而问俗，入门而问讳。"在沟通中，需要了解沟通对象的习惯与偏好，选择合适的沟通方式，确保达成预期的沟通效果。

3. 倾听与理解

在沟通过程中，倾听与理解是至关重要的。倾听是理解的基础，只有认真倾听对方的观点与需求，才能准确把握沟通的核心内容。同时，理解是沟通的关键，理解对方的情感与需求，可以更好地回应与配合。《庄子·齐物论》中提到："大知闲闲，小知间间；大言炎炎，小言詹詹。"在沟通中，需要保持开放的心态，尊重并理解对方的观点，避免陷入无谓的争执与误解。

4. 清晰表达与反馈

在沟通中，清晰表达自己的想法与需求是至关重要的。通过准确、简洁的语言，将自己的观点与需求传递给对方，有助于消除误解与分歧。同时，反馈也是沟通中不可或缺的一环。反馈可以帮助信息接收者了解对方的理解程度与反应，及时调整沟通策略，确保沟通效果。《论语·颜渊》中提到："君子成人之美，不成人之恶。小人反是。"在沟通中，需要积极给予对方正面反馈，鼓励对方表达观点与需求，共同推动沟通进程。

5. 建立信任与共识

信任是沟通的基础，只有建立信任关系，才能确保沟通的顺利进行。通过真诚、坦率的态度，尊重与理解对方，逐步建立信任关系。同时，共识是沟通的目标，通过沟通与理解，消除误解与分歧，形成共同的认识与行动方案。《金刚经》中提到："应无所住而生其心。"在沟通中，双方需要保持内心的平静与开放，不受外界干扰与影响，以真诚的态度与对方建立信任关系，共同推动共识的达成。

第三节　职业行动中提升沟通能力

一、提升沟通能力的技巧

古希腊哲学家德谟克利特说:"要使人信服,一句言语常常比黄金更有效。"可以看出语言的力量比黄金还强大。

表扬的话,公开说。表扬人要掌握两个原则:一要公开表扬;二要具体地说。扬善公堂,让好事传千里。

批评的话,委婉地说。要照顾别人的感受和自尊,尽量缩小批评的范围。"规过私室",但对于特别恶劣的情况则要通报公众,以儆效尤。

沟通的话,谦虚地说。与下属沟通一定要放低姿态,这样才能听到他们的心里话和真正有效的建议。

命令的话,客气地说。给下属安排工作,虽然是主管职责所在,但也要尊重下属,有时候语气温和一些,往往能事半功倍。

激励的话,高调地说。如果有重要的工作任务,给执行的人"戴上高帽",即使他想拒绝,也会不好意思开口。

提醒的话,幽默地说。提醒员工时,千万不要直截了当,最好说相反的话开个善意的玩笑,不仅氛围轻松而且效果显著。

警示的话,严肃地说。当团队出现一些违背公司文化或惯例的不良现象时,可以在会上认真警告。

漂亮的话,低调地说。团队取得了成果,需要推广经验,或者领导者被评为先进,要学会推功至人,低调分享。

生气的话,平和地说。一般生气时,轻易别说话,不得不说时,必须平复情绪,放慢声音,这样才能解决矛盾、消除对立情绪。

困难的话,含蓄地说。主管,对上级的部署坚决服从,同时应在完成艰巨任务时,说明自己的困难。

二、良性沟通的说话技巧

1. 分清说话的对象

见什么人说什么话，谨言慎行。

不要打断别人。说话做事切不可自以为是，不要别人话没说完就急着分析总结。开偏方、灌鸡汤，除了引起反感和误会，没什么作用。

肯定别人成绩。爱听好听的话是人的本性之一。别人聊起光荣有趣的往事，不能不识时务地泼冷水，不能毫无眼色地冷嘲热讽，素养再高的人也需要别人的肯定。

做个真诚的聊友。没有人天生会说话，很多时候你只需要真诚地把想表达的内容表达出来就行了。

对事不对人。有争论的时候，一定要围绕事件本身分析对错，所有的讨论都围绕这个问题，不要动辄上升到人格人品的角度，那样除了树敌毫无意义。

记得对方观点。最差的交谈是谈了半天，不知道对方说了什么内容，甚至见过多次，连别人的名字都没记住，心不在焉，不知所云。这是说话沟通的大忌。

学会倾听。做人留一线，日后好见面；看透不说透，还是好朋友。实话不全说，这也是一种高情商，用一年可以学会说话，而学会闭嘴则需要一生。

2. 领导者的说话技巧

领导者需要练习语言的质量、特点和表达方式，通过读书和工作实践提升说话技巧，多听一些高层领导讲话，聆听一些答记者问、名人演讲，结合实际情况总结揣摩。

理清表达思路。太多领导者沟通时不清楚想要说什么，无论是正式表态还是非正式沟通，如果没有清晰的思路，先保持内心安静，直到自已有了明确的想法和见解再去表达。

精准组织语言。要表达的语言、要沟通的内容，必须明确具体，能够引起沟通对象的共鸣和心理赞同。可能的话，最好是大胆的、热情的、鼓舞士气的。

不用夸张词语。过分使用"最"一类的词语会降低沟通内容的客观性，而主观性是领导者表达的大忌。尽量不要使用诸如"极好的""令人诧异的""难以置信的""伟大的史诗""太不可思议了"等词语，可以用"做得不错""值得表扬"等词语，展示领导者的沉稳与客观。

语气必须坚定。领导者尽量用肯定语句、陈述语气，尽量不用升调，提高沟通的权威性和严肃性。坚信、坚持、坚决是领导者沟通时应有的底气和态度，也是带队伍的自信之源。

小心使用"但是"。"但是"是一个反驳性连词，本质上是不赞同的。例如，为团队打气，"上季度我们完成得挺好，但是现在我们还需要更加努力"，更好的表达应该是"上季度我们很棒，现在我们一鼓作气、顺势努力"。学会用"并且""也就是说"。

领导力在很大程度上表现在语言上，人们往往通过领导者的讲话去判断其沟通能力。语言是思维最直接的表达，虽然不能武断地说语言表达匮乏的人思维不够灵活，但很多时候的确如此。思维不清晰的表达不可能清楚，思维不灵活的人往往很难有自己的观点。

3. 领导者的说话分寸

领导者说话一定要有分寸，凡事想好了再说。口无遮拦，得罪了人自己还不知道，这样的情况并不少见。给自己留余地，给别人留面子，莫造口业，勤修口德。记住少说四件事，守住自己的福分。

少说自己的秘密。秘密一说便不再是秘密，本应深埋心底的秘密一旦说出就是祸端，往往成为人生路上的绊脚石，甚至是身边的定时炸弹。守住秘密，就是保护自己、保持斗志、护养福气。

少翻旧账。少说陈芝麻烂谷子的往事，一念放下，万般自在。过去的是非成败都要放下，过去的人和事都让它慢慢变淡，退出记忆，只有这样，心灵才会更加祥和、更加阳光明媚，自己的福气也会涵养生发。

少说自己的成绩。一个人越是炫耀什么，就越容易失去什么，你的得意可能只是别人的失意。有意无意的炫耀得到的只是虚幻的满足，带来的往往是嫉妒和羁绊，成绩已是过去，继续沉迷只会衰退不前，但求耕耘，莫问收获，这样才会让福气长长久久。

少许诺，言必信，行必果。不假思索地许诺，也许你早已忘了，但是别人会铭记在心，不能兑现的诺言就像一瓶毒药，毒害了友谊，伤害了感情，造就了怨恨。所以许诺之前深思熟虑，许诺之后全力兑现，言而有信是立身之本。

第十三章

在管理实践中提升团队合作能力

《周易·系辞上》中曰:"君子之道,或出或处,或默或语。二人同心,其利断金。同心之言,其臭如兰。"

第一节 职场是培养团队合作的土壤

一、职场是"仁爱为本,凝聚人心"团队精神的孕育土壤

在职场这片充满活力与挑战的领域中,仁爱理念宛如一座坚不可摧的基石,深深地扎根其中,为团队人心的凝聚筑牢根基。它是团队精神萌芽、孕育的神圣之地,承载着团队发展的希望之光。当仁爱之花在职场中绽放,成员之间便被一种无形的力量紧密相连。这种力量鼓励他们相互关怀,犹如冬日里的暖阳,温暖彼此的心灵;促使他们相互尊重,重视每个人的独特价值。

仁爱所营造出的氛围,是一种温暖且积极向上的奇妙氛围。在这个氛围里,每一个微笑、每一句问候、每一次帮助都如同点点繁星,汇聚成璀璨的星空，照亮了整个团队。仁爱赋予团队强大的向心力，就像磁石一般，吸引团队成员聚焦团队目标。这种向心力是团队精神进一步发展的源泉和动力，为团队的茁壮成长提供无尽的可能。

《孟子》中云："仁者爱人，有礼者敬人。"这句话深刻揭示了在职场环境中，仁爱之心作为团队精神首要基石的重要意义。对于领导者而言，这意味着他们需要怀揣一颗仁爱之心，平等地对待每一位团队成员。这不仅体现在关心成员的职业发展，如为他们提供培训机会、规划晋升路径等，还体现在关注他们生活中的需求，如关心员工的家庭状况、生活压力等。同时，尊重成员的个性差异，无论成员性格是开朗外向还是内向腼腆，无论是思维敏捷还是沉稳内敛，每一种个性都被视为团队的财富；尊重成员的贡献，无论贡献大小，每一次努力都值得被认可和赞扬。这种基于仁爱的关怀，宛如春风化雨，能够深深地触动团队成员的内心，激发他们对团队的归属感与忠诚度。当成员感受到这份真挚的关怀时，他们会将自己视为团队不可分割的一部分，心往一处想，劲往一处使，形成一股强大的合力。

二、职场是以"和而不同，促进包容"为准则的团队多元的共生土壤

职场，汇聚形形色色、来自不同背景的成员。他们就像形态各异的花朵，有着独特的色彩、芬芳或姿态。在这个独特的环境中，"和而不同"这一准则宛如神奇的魔法，让每一朵花在保持自身特色的同时，与周围的花朵相互包容、和谐共生。这种包容并非简单的容忍，而是一种深层次的接纳与理解，它如同肥沃的土壤，蕴含丰富的养分，滋养团队的多元性。在这片包容的土壤里，每个成员的优势都像破土而出的幼苗，茁壮成长，尽情展现。成员的不同观点和想法在这里碰撞与融合，

犹如不同色彩的画笔在画布上挥洒,创造出一幅幅绚丽多彩的画卷。这些元素相互交织、相互促进,为团队精神注入丰富而深刻的内涵,使团队精神如同茁壮成长的大树,枝繁叶茂,充满生机。

儒家的"和而不同"理念,倡导的是在差异中寻求和谐的重要性,这无疑是团队精神的重要体现。在职场这个复杂的社会生态系统中,每位成员都是独一无二的个体,他们带着自己独特的成长背景、专业能力和思维观点踏入团队。团队精神,就像精心培育一个多元化的生态系统,需要团队成员用心去尊重并包容这些差异。团队精神鼓励成员之间相互学习,从彼此的优点中汲取营养,取长补短。

《论语》中说:"君子和而不同。"在团队决策这一关键过程中,这种理念展现出巨大的价值。通过开放式的讨论,团队成员可以自由地表达自己的见解,无论是新颖大胆的创新想法,还是基于丰富经验的保守建议,都能在这个平台上得到充分的展示。不同意见在这里相互碰撞,就像海浪冲击礁石,溅起智慧的浪花;又相互融合,溪流汇聚成江河,形成更具深度和广度的思路。最终达成的共识,是团队智慧的结晶。在意见碰撞的过程中,团队成员之间的相互理解和信任不断加深,团队的凝聚力与创新能力也得到显著提升。每一次的讨论都是一次思想的盛宴,每一个决策都是团队精神升华的见证。

三、职场是以"责任共担,协同作战"为导向的团队力量的汇聚土壤

在职场这片广袤的土地上,责任共担与协同作战是团队在面对艰巨任务和重重挑战时坚定不移的关键行动导向。

职场就像一片肥沃的土壤,每个成员都是这片土壤中扎根生长的树木,他们肩负起自己的责任,如同树木深深扎根于土地,稳固着自身的

根基，为整个森林（团队）提供坚实的支撑。与此同时，协同作战则像树木相互交织的枝干，它们彼此连接、相互扶持，汇聚各方力量。在这个过程中，团队成员心手相连，朝着共同的目标奋进，如同无数条溪流汇聚成汹涌澎湃的江河，形成一股强大的足以冲破一切障碍的团队合力。这种合力是团队精神在实践中的生动展现，它在每一次挑战中得到锤炼，在每一次胜利中得到强化，使团队精神愈发熠熠生辉。

《孟子》中曰："天将降大任于斯人也，必先苦其心志，劳其筋骨，饿其体肤，空乏其身，行拂乱其所为，所以动心忍性，增益其所不能。"这句话生动地描绘了人在承担重大使命前所需经历的磨炼。在职场中，团队精神的培养同样需要经历这样的考验。团队目标就像一座高耸的山峰，每位成员都肩负着攀登这座山峰的责任。责任不仅仅是完成自己手头的工作，更是在团队面临困难时挺身而出，与队友共同承担的勇气。无论是工作中的技术难题、时间紧迫的任务压力，还是外部环境带来的挑战，团队成员需要像一家人一样，同舟共济，共同面对。

四、职场是以"中庸之道，平衡和谐"为智慧的团队关系的协调土壤

在职场中，团队运作就像一场精心编排的舞蹈，涉及各种复杂的舞步和节奏变化。在这个过程中，团队不可避免地面临复杂的情况和利益冲突。中庸之道，恰如一位智慧的舞蹈导师，为职场中的团队关系协调提供了实用的指导。

中庸之道所倡导的适度与平衡，如同土壤中的养分平衡机制，对团队而言至关重要。它能巧妙地避免团队内部出现极端情况，确保团队在人际关系、工作分配、利益分配等关键方面都能处于一种相对和谐稳定的状态。这种和谐稳定就像平静的湖面，没有波澜壮阔的波涛，却有着

足以承载团队发展之舟的力量，为团队精神的持续发展营造出风平浪静、阳光明媚的良好环境。儒家的中庸之道，在处理职场人际关系、维护团队和谐等方面展现了卓越智慧。在职场这个大舞台上，团队成员来自不同的背景，有着不同的性格、价值观和利益诉求，成员间难免产生一些摩擦与冲突。此时，运用中庸之道，耐心寻求双方都能接受的解决方案，让这些不和谐的声音重新回归到和谐的旋律中。

《中庸》中言："喜怒哀乐之未发，谓之中；发而皆中节，谓之和。"在团队沟通这一关键环节中，这一智慧的体现尤为明显。成员需要保持冷静与理性，如同驾驶船只的舵手，在情绪的波涛中稳住方向。面对分歧和矛盾时，控制好自己的情绪，不被冲动所左右，以平和的态度寻求共识。这种沟通方式就像润滑剂一样，能有效避免冲突升级，维护团队的和谐氛围。例如，在一次团队会议中，两位成员因项目方案发生了激烈的争论。此时，其他成员没有加入争论，而是引导双方冷静下来，从不同角度分析问题。最终，他们找到了一个折中的方案，既融合了各自方案的优点，又避免极端的选择，使项目顺利推进，团队的和谐氛围也得到了维护。

五、职场是以"修身齐家，以身作则"为榜样的团队品德的塑造土壤

在职场中，"修身齐家，以身作则"这一理念突出了团队成员自我修养和榜样作用的不可替代的重要性。职场就像一片广袤无垠的土地，每位成员都是这片土地上的耕耘者，也是团队文化这一丰硕果实的塑造者。

个人持续不断地修身，如同精心雕琢一件艺术品，提高自身的品德

和能力。这种修身的过程是一个长期而艰苦的自我提升之旅,就像攀登一座没有尽头的山峰,需要成员一步一个脚印,不断挑战自我、超越自我。当成员在自身修养上取得进步时,他们就像优质土壤中孕育出的健康种子,拥有了传播美好品质的力量。这些种子在团队中生根发芽,将良好的品德和积极向上的态度传播开来,如同春风吹过大地,影响整个团队。这种品德塑造的过程,为团队精神注入了强大的道德力量,就像为一座大厦筑牢根基,提升团队的整体素养,使团队在激烈的竞争中屹立不倒。"修身齐家治国平天下"的思想,在职场团队精神的培养中同样具有深远的指导意义。领导者作为团队的灵魂人物,其言谈举止就像一面镜子,对团队成员有着深远的影响。他们的每一个决策、每一句话、每一个行动都在团队成员的眼中被放大,成为成员模仿和学习的对象。因此,领导者应将自身修养视为首要任务,时刻修炼自己,做到正直如青松,坚守道德底线,不为利益所诱惑;公正如天平,一视同仁地对待每位成员,不偏袒、不歧视;勤奋如蜜蜂,在工作中以身作则,展现出积极向上的工作态度。

《孟子》中言:"其身正,不令而行;其身不正,虽令不从。"当领导者以身作则时,他们就像太阳一样,散发出耀眼的光芒,激发团队成员的积极性与创造力。在一个以创新为导向的团队中,领导者亲自参与项目研发,与成员一起加班熬夜、攻克难题。他对知识的渴望、对工作的热情以及面对困难时的坚韧不拔,深深地激励着团队成员。在他的带动下,团队成员更加积极主动地投入工作,创新想法如泉涌,团队精神得到进一步升华。这种由领导者以身作则所引发的连锁反应,如同涟漪一般,在团队中扩散开来,推动团队向着更高的目标迈进。

六、职场是以"禅意静心,提升境界"为指引的团队心灵的滋养土壤

在如今这个繁忙复杂的职场环境中,"禅意静心"宛如一座宁静的港湾,为团队成员提供一种特殊而珍贵的指引。它就像一股清澈的甘泉,滋润每一位成员的心灵。在压力和挑战如同暴风雨般袭来时,"禅意静心"帮助团队成员保持内心的平静,让成员不被外界的喧嚣和纷扰所动摇。这种心灵的滋养赋予团队成员一种神奇的力量,帮助他们能够站在更高的境界去审视工作和团队关系。在这个高境界中,琐事就像过眼云烟,不再困扰他们的心灵。他们能够以一种更加豁达的心态、更加专注的精神投入团队建设。这种个体心态和精神的升华,进一步使团队精神得到升华,使团队在精神层面达到一个更高的、超脱世俗烦恼的境界。

禅意与道家的自然无为思想,为职场团队精神的培养打开一扇全新之门。在快节奏、高压力的职场环境中,团队成员就像烈日下负重前行的旅人,容易陷入焦虑与疲惫的泥沼,而禅修、冥想等方法就像一把神奇的钥匙,帮助团队成员打开心灵的枷锁,学会静心、放松。当成员闭上眼睛,沉浸在冥想的宁静世界中,他们能够暂时抛开工作的压力和生活的烦恼,与自己的内心深处对话。这种心灵的修炼不仅能够提升个人的心理素质,让他们更加从容淡定地面对困难,还能够促进团队成员间的相互理解与包容。

在团队中,当每个成员都能静心时,他们之间的关系就像宁静湖面上倒映的群山,相互映衬、和谐统一。大家不再为一些小事斤斤计较,而是以一种包容和理解的心态去对待彼此。道家言:"无为而治。"在团队管理中,这一理念也有着深刻的体现。适当的放手与信任,能够鼓励团队成员在一定的自由空间内自我管理、自我成长。这种管理方式给予

了成员足够的尊重和自主权，让他们感受到自己是团队的主人，从而激发他们的责任感和创造力。这也是团队精神的一种更高层次的体现，让团队在自由与和谐的氛围中蓬勃发展。

综上所述，职场作为培养团队精神的土壤，团队精神培养到何种程度在于企业如何汲取中国传统文化的智慧。以仁爱为本，让团队充满温暖与关怀；以和而不同促进包容，使团队多元而富有活力；以责任共担、协同作战汇聚力量，让团队坚不可摧；以中庸之道协调关系，确保团队和谐稳定；以修身齐家、以身作则塑造品德，提升团队整体素养；以禅意静心滋养心灵，让团队在精神层面达到更高境界。企业可以培育出既富有活力又和谐统一的团队精神，为自身的持续发展与员工个人的职业生涯的成功奠定坚实而稳固的基础。

第二节　在团队合作中提升个人素养

职场是培养团队合作精神的土壤，有助于成员在团队合作实践中不断提升个人素养。

王阳明，这位在明代心学发展历程中堪称集大成者的思想家，其"心学"思想体系对后世产生了深远影响。在他的思想架构中，"心即理，知行合一"这一核心观点为人们理解世界和自我发展提供了独特视角。其中，"事上练"这一理念更是被视为实现个人成长与成功的必经之路。在团队合作这一复杂而充满活力的现代职场场景中，个人素养的提升并非一蹴而就，离不开实践中一次又一次的磨砺与锻炼，就像宝剑需经千锤百炼方能削铁如泥，梅花只有历经严寒才能傲雪绽放。

一、事上练：实践中的磨砺

1. 实践的重要性

王阳明曰："人须在事上磨，方能立得住，方能静亦定，动亦定。"这句话深刻地指出，真正的知识和智慧绝非仅是口头上的夸夸其谈，也不是局限于书本中的理论条文，它们需要来自实践，并且要在实践的熔炉中接受检验。在团队合作这一具体情境中，个人素养的提升就像建造一座宏伟的大厦，每一块基石都需要在实践中精心打磨。无论是专业技能这一坚实的根基，还是团队协作能力这一紧密连接的架构，都要求人们在实践中不断地摸索前行、积累经验。例如，软件工程师仅仅掌握编程理论是远远不够的，只有在实际项目开发中，面对各种复杂的需求、频繁的代码调试，凭借与团队成员的协同工作，才能真正提升自己的编程技能和团队协作水平。每一次的代码编写、问题排查和沟通协作，都是对个人专业技能和团队协作能力的一次锻炼，这些锻炼逐渐塑造出更优秀的个人素养。

2. 王阳明断案分析

明朝正德五年（1510年），王阳明在江西庐陵（现江西吉安市）出任知县，曾遭遇一起错综复杂的案件。这起案件就像一团乱麻，牵扯众多利益关系和复杂的人物背景。然而，王阳明并未被这重重困难吓倒，而是展现出非凡的智慧和卓越的实践能力，深入研究案件的每一个细节，不放过任何一丝线索。他不辞辛劳地走访当地百姓，询问每一个可能知晓情况的人，收集大量的第一手信息。在分析这些信息时，他运用自己敏锐的洞察力，从看似无关紧要的细节中抽丝剥茧，梳理出案件的脉络。同时，他还展现出与众不同的智慧，不仅仅追查案件事实，更注重对犯罪嫌疑人心理的把握。他以一颗慈悲且智慧的心，尝试对犯罪嫌疑人进行心理感化，理解他们犯罪背后的复杂原因，从而找到破解案件的关键。最终，在他的不懈努力下，这起复杂的案件得以成功破获。在这一过程中，王阳明淋漓尽致地展现了高超的洞察力和智慧，他的每一个决策、每一次行动都完美地诠释了"事上练"的思想精髓。在现代团队合作中，成员遭遇各种问题和挑战，这些问题和挑战可能涉及技术难题、人际关系矛盾或者项目管理困境等。成员需要像王阳明那样，在实践中，不断地摸索和锻炼，才能使自己的专业素养如同磨砺后的宝剑般锋利，团队协作能力也能在这个过程中得到质的提升。

二、心态的调整与自我反省

1. 保持平和心态

王阳明着重强调，在实践的漫长征程中，人们必然遭遇形形色色的困难和挑战，这些困难就像汹涌澎湃的海浪，试图将船只打翻。面对这些如暴风雨般的挑战并努力取得成功的过程中，心态就像船上的舵手，起着至关重要的作用。在团队合作这一充满变数的环境里，平和的心态就如同在狂风暴雨中为船只稳住航向的舵手。团队成员需要有勇气直面困难，以积极乐观的态度应对每一个挑战。只有这样，团队成员才能在复杂多变的职场环境中保持冷静和理智，为团队的成功贡献稳定而可靠的力量。例如，当项目处于时间紧、资源短缺的境况中，如果团队成员陷入焦虑和恐慌中，那么整个团队就像一盘散沙，无法有效应对问题。相反，如果大家都能保持平和的心态，冷静地分析问题，积极寻找解决方案，那么即使处境艰难，团队也有很大的机会突破困境，走向成功。

2. 自我反省与成长

王阳明心学强调自我反省的重要性，这一理念就像一面镜子，帮助人们清晰地审视自己。在团队合作中，团队成员如同在一面巨大镜子前表演的舞者，需要不断反思自己的行为和审视自己的思想。要仔细地检查自己在团队协作过程中做出的举动和决策，从中找出自己的不足之处和存在的问题。这种自我反省并非对自己的苛责，而是一种积极向上的自我提升。通过这种自我反省，团队成员能够更好地理解自己内心深处的想法和外在复杂的环境，从而更加敏锐地捕捉到挑战和机遇的信号。如同破茧成蝶的过程，这是个人成长和进步不可或缺的重要途径。例如，在团队会议中，如果团队成员发现自己的发言没有得到很好的回应，或者与其他团队成员产生不必要的冲突，事后成员就应该认真反思自己的表达方式、观点内容是否合适，是否充分考虑到他人的意见。这样的反省避免团队合作中出现类似问题，从而提升沟通能力和团队协作能力。

三、团队合作中的知行合一

1. 知行合一的实践

王阳明提出"知行合一"理念。他认为真正的知识必须像灵动的溪流一样，流淌在实际行动之中，体现在每一个决策和行为上。在团队合作这一充满活力的舞台上，团队成员同样需要将所学的知识和技能嵌入实际行动，为团队的成功贡献出坚实的力量。这要求人们在实践的漫漫征途中不断积累经验，一点一滴地充实自己的能力宝库，并且将所学的知识和技能巧妙地应用到实际工作的每一个环节中。例如，市场营销人员在学习最新的市场调研方法和消费者心理分析理论后，不能仅仅将这些知识记忆在脑海中，而是要在实际的市场推广活动中运用这些知识去设计调查问卷、分析数据、制定出更符合消费者需求的营销策略。只有这样，知识才能在行动中焕发出强大的生命力，推动团队朝着目标前进。

2. 王阳明平定匪患的案例

明朝正德十一年（1516年），南、赣、汀、漳四州陷入严重的匪患困扰，百姓生活在水深火热之中，社会秩序混乱。王阳明临危受命，担任都察院左佥都御史、钦差大臣，肩负起巡抚这四州的重任。面对如此严峻的局势，王阳明展现出卓越的领导才能和军事智慧。他没有盲目地采取行动，而是首先深入到当地的山川地形中，详细了解匪患的分布情况、土匪的活动规律以及当地百姓与土匪之间复杂的关系。他就像一位严谨的学者，对这片饱受匪患之苦的土地进行全面而深入的研究。在此基础上，他制定周密的计划，每一个步骤都精心布置，涵盖军事行动、情报收集、百姓安抚等方面。在实际的平匪过程中，他更是亲自指挥战斗，身先士卒，与士兵同甘共苦。他将自己的军事知识和领导能力完美地融合在每一次的战略部署和战斗决策中，无论是在山地战、丛林战还是攻城略地的行动中，都展现出了高超的军事指挥艺术。在这一系列艰难的行动中，王阳明成功地平定了匪患，为当地百姓带来和平与安宁。这一功绩充分体现了他"知行合一"的思想精髓。在现代团队合作中，团队成员同样需要像王阳明那样，将自己所学的知识和技能毫无保留地转化为实际行动，无论是在项目执行、团队管理还是问题解决等方面，都要让知识在行动中生根发芽，为团队的成功注入源源不断的动力。

上述思想为现代团队合作中个人素养的提升提供了极具价值的有益启示。实践中如勇士般的磨砺与锻炼，能够让团队成员的专业技能更加精湛，团队协作能力更加强大；调整心态，保持如止水般的平和以及积极的自我反省，可以保证团队成员在复杂多变的团队环境中稳如泰山，同时不断地成长和进步；在团队合作中践行"知行合一"的理念，将知识与行动紧密结合，能够为团队的成功贡献不可替代的力量。

第十四章

在管理实践中提升自我创新能力

《三国志·蜀志·向郎传》中记载："潜心典籍，孜孜不倦。"

第一节 职业的发展性质具有创新性

每一次技术革命，都会对职业产生天翻地覆的影响，对于职业种类变革的影响更是与时俱进，淘汰一些职业的同时又产生一些职业，所以每个人都面临着再学习的必然要求。

一、技术革新与职业重塑的深度剖析

1. 技术革新的驱动力

每一次工业革命的浪潮，其核心与灵魂均深植于技术的突破性进展之中。这一场场科技与智慧的交织，引领人类社会跨越一个又一个时代的门槛。

最初的蒸汽机轰鸣，标志着人类从手工劳动向机械化生产的重大飞跃，这一变革不仅彻底改变制造业的面貌，更是开启能源利用的新纪

元。蒸汽机的广泛应用,解锁了生产力的巨大潜力,使得大规模、高效率的生产成为可能,从而为后续的经济繁荣和社会变革奠定了坚实基础。

紧接着,电力的发现与应用,进一步将人类社会推向电气化的辉煌时代。电力如同无形的血脉,渗透到社会的每一个角落,不仅驱动了机器,更激发了无数创新灵感。在这一阶段,职业版图再次经历深刻重塑,电力工程师、电气技师等新兴职业应运而生,成为连接技术与生活的桥梁,推动社会生产力的持续提升。

20世纪中后期,随着计算机技术的兴起和互联网的普及,人类社会迎来前所未有的信息化革命。计算机作为强大的计算工具,成为信息处理、知识创造和传播的核心平台。而人工智能的崛起,更是将技术革新推向新的高度,实现从数据分析到智能决策的跨越式进步。这一系列技术的飞跃,不仅革新了生产方式,更对职业领域产生了颠覆性影响。旧有的、依赖传统技能的职业逐渐被自动化和智能化所取代,而新兴职业如数据分析师、人工智能工程师、网络安全专家等则如雨后春笋般涌现,他们凭借对新技术的掌握和应用,成为推动社会进步和经济发展的新力量。

这种由技术革新驱动的职业重塑,不仅是对传统职业结构的挑战,更是对人才素质和职业素养的全方位考验。它要求从业者不仅要具备扎实的专业知识和技能,还要具备创新思维、跨界合作、持续学习等综合能力,以适应快速变化的职业环境。同时,它也启示人们,在追求技术进步的同时,更应关注人文关怀和社会责任,确保技术成果惠及每一个人,推动社会向着更加公正、和谐、可持续的方向发展。

随着技术的快速发展,职业所需的技能和知识也在不断更新。例如,在第四次工业革命中,人工智能、大数据、云计算等前沿技术的应用，要求从业者不仅要掌握传统的专业技能，还要具备数据分析、算法开发、人工智能应用等新型技能。这种技能与知识的快速迭代，对职业发展的创新性提出了更高要求。

2.跨界融合的新趋势

在跨界融合的新时代，职场人面临着前所未有的挑战与机遇。他们不仅需要深耕细作，精通并掌握本领域的核心知识与技能，确保其在专业领域内具备竞争力和话语权；同时，更需要拥有开放的视野和跨学科、跨领域的学习能力，以便能够跨越行业界限，洞悉不同领域的发展趋势和内在逻辑，从而在复杂多变的职业环境中游刃有余地应对各种挑战。

跨界融合的实例比比皆是，医疗健康领域与信息技术的深度融合便是其中最为典型的代表。随着大数据、云计算、人工智能等先进技术的不断融入，传统医疗模式正经历着深刻的变革。数字医疗的兴起，使得患者可以通过智能手机、可穿戴设备等终端随时随地监测自身健康状况，实现对疾病的早期预警和精准治疗；远程医疗的普及，则打破地域限制，让优质医疗资源跨越千山万水，惠及更多偏远地区的患者。这些新兴职业和业态的出现，不仅提高了医疗服务的效率和质量，更为从业者提供了广阔的发展空间和无限可能。

同样，制造业与互联网的跨界融合也引发生产模式的革命性变化。智能制造和工业互联网的快速发展，使得生产过程更加智能化、自动化和网络化。应用物联网、大数据等技术，企业可以实时监控生产线的运行状态，优化生产流程，提高生产效率和产品质量。同时，工业互联网平台的搭建，也为供应链上下游企业之间的协同合作提供便利条件，促进产业链的整合和优化。这种新型生产模式的出现，不仅推动制造业的转型升级，更为从业者提供更多元化、更高层次的职业发展机会。

二、教育与培训体系的适应性变革

1. 教育理念的更新

面对工业革命的挑战,教育体系必须不断更新理念,以培养具备创新精神和实践能力的人才。从传统的应试教育向素质教育、创新教育转变,注重培养学生的批判性思维、创新能力和团队协作精神,以适应未来职业发展的需求。

2. 职业培训的专业化与灵活化

随着职业领域的快速变化,职业培训也需要更加专业化和灵活化。一方面,要针对不同职业领域的需求,提供专业化的培训课程和认证体系;另一方面,要适应职业发展的灵活性,提供多样化的学习方式和时间安排,以满足不同人群的学习需求。

3. 终身学习的必要性

在工业革命的背景下,终身学习已成为不可或缺的职业素养。无论是从业者还是求职者,都需要不断学习新知识、新技能,以适应快速变化的职业环境。因此,建立终身学习的机制和文化氛围,对于促进职业发展的创新性具有重要意义。

三、社会文化变迁对职业发展的影响

1. 性别角色与职业选择的多元化

随着工业革命的推进,传统的性别角色和家庭结构发生了深刻变化,表现为女性在职场地位不断提高,职业选择的多样性和自由度也大大增加。这种变化不仅促进了社会进步和性别平等,也为职业发展注入了新的活力和创新动力。

2. 工作价值观的转变

在工业革命的影响下,人们的工作价值观也在发生变化。从追求稳定、高薪的工作岗位到追求个人兴趣、职业发展和社会价值的实现，体现了人们对职业发展的更高追求和更广泛的价值认同。这种转变对于推动职业发展的创新性、促进职业与社会的和谐共生具有重要意义。

上文通过深入剖析工业革命背景下的技术革新、教育与培训体系变革、社会文化变迁等维度，揭示了职业的发展性质具有创新性，职业发展具有深刻内涵和创新动力。在未来的职业发展中，不断创新、勇于变革、融合传统文化智慧与现代职业素养才能不断推动个人和社会的共同进步与发展。

第二节　在职业发展中提升个人创新能力

由于职业的发展性质具有创新性，而创新的主体是人，因此个人创新能力的不断提升是职业向前发展的根本动力。在此过程中，儒家和道家的思想会积极地赋予个人的创新能力。

一、儒家思想：积极进取与思维开放

儒家思想倡导的"积极进取、建功立业"人生观，对提升个人创新能力具有直接的启示作用。孔子提出"三十而立"，不仅是对年龄成熟的描述，更是对精神独立与责任担当的期许。儒家学者鼓励人们在职业生涯中勇于探索、敢于创新，通过个人努力实现自我价值。这种积极进取的精神，是现代职业创新中不可或缺的动力源泉。孔子曰："温故而知新，可以为师矣。"这句话强调在温习旧知识的过程中能够获得新的理解和体会，劝导人们要不断地对已有的知识进行思考和探索，从而产生新的见解。体现一种在传承基础上进行创新的理念，只有善于从过

去的知识和经验中发掘新的内涵，才能够不断提升自己，甚至达到可以教导他人的水平。孔子曰："君子不器。"意思是君子不应像器具只有一种特定的用途或功能，反映了孔子鼓励人们不要局限于单一的技能或角色，而要具备多方面的才能和素养，能够灵活地应对不同的情况和挑战。从创新的角度看，就是倡导人们要突破传统的思维模式和行为方式，不断拓展自己的能力边界，以适应不断变化的社会环境。

在现代职场中，管理者和教育者应借鉴这一思想，鼓励员工或学生敢于质疑、勇于探索，不断突破传统框架，寻找新的解决方案。"学而不思则罔，思而不学则殆"，强调学习与思考的重要性，对于职场人而言，意味着不仅要吸收新知识，更要勇于思考，敢于创新，将所学转化为实际行动中的新策略、新方法。

二、周易思想：创新精神

"天行健，君子以自强不息"出自《周易·乾卦·象传》。《周易》作为中华文化的瑰宝，是中国古代哲学的重要组成部分，包含丰富的宇宙观、人生观和价值观。《乾卦》作为《周易》的首卦，象征着天、阳、刚健等特性，而"天行健"则是对天道运行不息、刚健有力的生动描述。

1. 刚健自强，永不停歇

"天行健"描绘天体运行不息、周而复始的自然现象，强调自然界的刚健之德。君子应效法天道，不断奋发图强，永不止步。这种精神鼓励人们面对挑战和困难时，保持坚忍不拔的毅力，不断追求进步和创新。

2. 勇于探索，敢于创新

君子以自强不息，意味着不仅要保持自身的修养和德行，还要积极投身于社会实践和创新活动。在儒家思想中，智慧和创新精神是并重的，智者不仅要有广博的知识，更要有灵活运用知识、推陈出新的能力。这种精神鼓励人们勇于探索未知领域，敢于挑战传统观念，寻求新的突破和发展。

3. 与时俱进，变革图强

在现代社会中，"天行健，君子以自强不息"的精神更加凸显其重要性。随着科技的飞速发展和社会的不断进步，创新已成为推动经济社会发展的关键因素。君子应当时刻保持敏锐的洞察力和开放的思维方式，紧跟时代步伐，勇于变革图强，不断推动社会向前发展。

4. 个人奋斗与国家强盛相结合

自强不息的精神不仅关乎个人的进德修业，更关乎一个国家、一个民族的变革与创新。在中华民族的历史上，无数仁人志士正是凭借这种精神，在逆境中不屈不挠、勇往直前，为实现国家的繁荣富强而努力奋斗。新时代下，我们更应传承和弘扬这种精神，为实现中华民族伟大复兴的中国梦贡献力量。

三、道家思想：创新规律

道家思想主张"无为而治"，看似与创新相悖，实则蕴含了深刻的创新智慧。道家强调顺应自然、遵循规律，认为真正的创新不是盲目求新求异，而是在深刻理解事物本质的基础上，做出符合自然规律的创新。

"道生一，一生二，二生三，三生万物。"这句话揭示了万物生成的规律，也启示职场人在职业发展中要遵循自然法则，以开放的心态接纳新事物，同时保持对事物本质的深刻洞察，从而创造出符合时代需求的创新成果。

道家秉持"顺其自然、自我完善"的人生态度，认为最高的智慧在于领悟并遵循自然之道。老子在《道德经》中提出"道法自然"，强调一切事物都应顺应自然规律，不强行干预。这一思想在职业创新中表现职场人应尊重客观规律，避免盲目行动，深入洞察行业趋势和市场变化，找到最适合的创新路径。

道家"无为而治"的管理思想，也为职业创新提供了重要启示。无为并非不作为，而是指管理者应减少不必要的干预，给予员工充分的自由度和创新空间。在现代企业中，这种管理方式有助于激发员工的创造力和主观能动性，促进创新成果的涌现。同时，"无为而治"还强调管理者应具备高瞻远瞩的战略眼光和全局观念，能够在关键时刻做出正确决策，引领企业走向成功。

四、儒道融合：在职业创新中提升个人创新能力

儒家与道家的智慧为职场人在职业创新中提升个人创新能力提供了宝贵的思想资源和行动指南，引导他们既保持对目标的坚定追求，又灵活应对各种挑战和变化。通过借鉴这些传统文化精髓，职场人可以在快速变化的现代社会中保持敏锐的洞察力和强大的创新能力，不断推动个人和组织的共同成长与发展。

1. 专心致志与心无旁骛

这是人生追求成功的关键品质。人生本就是一场持续探索和践行成功之道的漫长旅程，涵盖的元素纷繁复杂，然而，专注无疑是其中至关重要的一环。如果职场人所选择的事业契合社会发展规律，并且其能穷尽一生专注于此，那么成就一番事业便成了水到渠成之事。人们所探寻的成功之道，其实践活动与最终结果之间必然存在一种内在的逻辑关联，否则，这种所谓的"道"便不能称为"科学"。超人和庸人之间的

差异，或许就体现在专注的程度以及心无旁骛的境界上。当人们长时间全身心地沉浸于某一件事，达到一种忘我的境地时，必然收获一个连自己都意想不到的成果。当人们拨开层层迷雾，便会发现学历和智商并非决定成功的关键要素。现实中，那些看似智力平平之人，往往因专注而脱颖而出。智慧并非某一类人的专属，而聪明常常诱人偏离专注的轨道，使人陷入投机取巧的误区。或许，世界上最行之有效的方法，恰恰是那些最原始、最贴近人性、看似最"笨拙"的方法。《韩非子·忠孝》中提到："专心于事主者，为忠臣。"《孟子·告子上》亦记载："不专心致志，则不得也。"所谓专心，就是用心专一、全神贯注，是一种纯粹的、不掺杂丝毫杂念的心性。而专心致志，则是将全部心思都投注于一件事上，用心专注，聚精会神，没有丝毫马虎，生动地描绘出一个人对待事情认真至极的状态。

2. 尊重规律与实事求是

《汉书·河间献王刘德传》中记载："修学好古，实事求是。""实事"就是客观存在的一切事物，"是"就是客观事物的内部联系，即规律性，"求"就是去研究。这句话虽然言简意赅，但是切中要害，让人醍醐灌顶。古希腊著名哲学家苏格拉底说"人类在改造世界的过程中，总是在做两件事情。一是认识客观世界的现象、本质、规律；二是尽力追求自我完善和发展"，本质上讲的是"实事求是"；英国生物学家、进化论的奠基人达尔文说"科学就是整理事实，以便从中得出普遍的规律和结论"，讲的也是"实事求是"的思路。事实上，只要尊重科学，善于把握事物的规律，掌握事物发展的方向，就会事半功倍，拥抱成功；否则，就会导致失败。持之以恒地学习知识，努力掌握客观规律，实践达到熟悉的境地，也就能做到理论与实践的融会贯通，技能运用自如。现实生活中时常出现这样令人忧虑的现象，声称"要科学却不按科学办事，懂得道理却不按道理行事，明白规律却倒行逆施"，通俗地说，就是"揣着明白装糊涂"。按照唯物主义的观点，真正做到知行合一、实事求是，就可能创造神奇，开创未来，走向成功。当你不为外在现象所迷惑，尊重科学，按照规律做人做事，就会发现所谓的"神奇""神话"，原来是如此容易，如此简单，如此真切。当然要做到这一点，还得内求，需要远大的理想、深沉的情怀、坚强的意志。

3. 创新思维与创造发明

"创新、协调、绿色、开放、共享"是新发展理念，创新为第一位。创新有三层含义：更新，创造新的东西，改变。创新思维是指以新颖独创的方法解决问题的思维过程，通过这种思维能突破常规思维的界限，以超常规甚至反常规的方法、视角去思考问题，提出与众不同的解决方案，从而产生新颖的、独到的、有社会意义的成果。美国科幻小说家阿西莫夫说："创新是科学房屋的生命力。"美国管理学大师彼得斯说："距离已经消失，要么创新，要么死亡。"深圳金田集团董事局主席黄汉清说："只有先声夺人，出奇制胜，不断创造新的体制、新的产品、新的市场和压倒竞争对手的新形势，企业才能立于不败之地。"纵观历史，人类社会发展的基本特征就是创新。只有创新，才能推动人类社会的进步；只有创新，才能让企业在激烈的市场竞争中站稳脚跟，赢得先机；只有创新，才能让自己的生命保持勃勃生机。教育家陶行知说："处处是创造之地，天天是创造之时，人人是创造之人。"创造发明是创新的过程和结果，事实上，人生就是一个不断创新创造的过程，区别只在于范围的大小。局限于个人，就对个人发展有意义；扩大到社会，就是对社会发展有价值。法国近代微生物学的奠基人巴斯德说："不要在已成的事业中逗留着！"沉溺于过去的成就，就意味着自我沦丧。

4. 逻辑理性与创意人生

创意是创造意识或创新意识的简称，是对现实存在事物的理解以及认知所衍生出的一种新的抽象思维和行为潜能，是一种通过创新思维意识进一步挖掘和激活资源组合方式，进而提升资源价值的方法。智者顺时而谋，愚者逆理而动。创意离不开逻辑理性，作为具有社会属性的个人，其所有活动都闪耀着理性的光芒；科学活动的开展，必须讲究逻辑、因果、必然。物理学家王业宁说："要创新需要一定的灵感，这灵感不是天生的，而是来自长期的积累与全身心的投入。"中国文学家金克木说"独创有两方面：一是形式的新颖，一是个人人格的化人"。人格在工作中的化人，就是创意人生的捷径，当然要尊重逻辑理性。实现创意人生的最大敌人是舒服，保守就是舒服的产物。如果沉溺于舒服的保守中不能自拔，逻辑和理性就形同虚设，创新创意就不复存在。如同人的潜能，它绝对不是物质的存在，个人若不去发挥、不去挖掘、不去激发，潜能就永远躲在心灵深处的阴暗角落里"打瞌睡"，创意同样如此。所以，逃离舒适区，是创意保鲜的重要准则。记住中国地质学家李四光的一句话："作了茧的蚕，是不会看到茧壳以外的世界的。"

把科学作为一种信仰，把规律作为一种信念，把理性作为一种精神，要让自己的心灵变得聪慧，信仰科学、尊重规律、勇于创新。人生的境界才能得到不可估量的提升。

第十五章

在管理实践中提升自我应变能力

《孙子·虚实篇》中记载:"夫兵形象水,水之形,避高而趋下;兵之形,避实而击虚。水因地而制流,兵因敌而制胜。故兵无常势,水无常形;能因敌变化而取胜者,谓之神。"

——

第一节　职业运行特点具有应激性

现代职场环境中不可忽视的一个显著特征就是职业运行中的应激性。它指的是职业活动过程中,外部环境、内部组织结构或个体心理等因素的变化,导致企业或组织对管理者和从业者即时应对能力的高要求。这种应激性具体体现在以下几个方面。

一、外部环境的快速变化

外部环境的快速变化是职业运行过程应激性的首要表现,包括但不限于市场动态、政策调整、技术革新等。例如,在数字化转型的浪潮中,传统行业面临着前所未有的挑战。企业需要迅速调整战略,以适应消费者行为的变化和新兴技术的冲击。企业管理者必须时刻保持敏锐的市场洞察力,及时捕捉市场信号,并快速决策以抢占先机。企业的业务人员要及时转变市场拓展思维模式,尽快适应人工智能所带来的挑战。

阿里巴巴集团面对电商行业的激烈竞争时,通过持续的技术创新和市场拓展,不断适应外部环境的变化。从最初的 B2B 业务到后来的淘宝、天猫、支付宝等多元化布局,再到对云计算、大数据等新兴技术的深入布局,阿里巴巴始终站在行业前沿,引领中国电商行业的发展方向。这种快速适应外部环境变化的能力,正是其成功应对职业运行应激性的关键所在。

二、内部组织结构的动态调整

随着企业规模的扩大和业务范围的拓展,内部组织结构的动态调整成为常态。这种调整可能涉及部门重组、流程优化、人员变动等方面。对管理者而言,有效地引导和推动这种调整,确保组织的高效运行和稳定发展,是一项极具挑战性的任务。同时,员工也需要快速适应新的工作环境和职责要求,以保持良好的工作状态和绩效表现。

华为公司面临全球贸易环境变化和内部业务发展的需求时,进行了多次大规模的组织结构调整。从早期的中央集权式管理到后来的"铁三角"作战模式,再到"军团化"改革,华为始终在寻找最适合自身发展的组织结构模式。这种持续不断的调整和优化,使得华为能够在激烈的市场竞争中保持领先地位,同时也为员工提供了更多的发展机会和成长空间。

三、个体心理的复杂多变

职业运行中的应激性还体现在个体心理的复杂多变上。职场环境充满了竞争和压力，个体面对工作挑战、人际关系冲突或职业发展瓶颈时，往往产生焦虑、不安等负面情绪。这些情绪如果得不到及时有效的疏导和调节，就会对工作效率和团队氛围产生负面影响。

王阳明带兵打仗时，非常注重士兵的心理疏导和情绪管理。他通过设立心理咨询机构、加强士兵之间的交流与沟通等方式，帮助士兵缓解心理压力和负面情绪。同时，他还通过言传身教、树立榜样等方式，激发士兵的积极性和战斗力。这种以人为本的管理理念，使得王阳明的军队在战场上始终保持着高昂的斗志和强大的战斗力。

第二节　在职业跌宕中提升个人应变力

职业发展的道路不是一帆风顺的。在这个过程中，提升个人应变力至关重要。应变能力的提升在于养心、静心。有时候的心慌意乱、心焦火燎、心力交瘁，几乎都是胸怀不够宽广、心灵不够宁静、意志不够坚强造成的。往往心乱了，一切都不可收拾。心清一切自然明，心浊一切当然暗。清则需要保持，浊则需要洗涤。

宋周密在《癸辛杂识后集·误书庙讳》中记载："县尉不究心职事，至于格目亦忘署名，可见无状。"究心，一般指专心研究，有考究、查究、深究之意，想表达的就是要时时刻刻关照、查究自己的心灵世界，荡除污浊，保持鲜明，在职场生活中信心满怀地勇往直前。

《素书》作为一部蕴含着深刻智慧的经典著作，其中关于谋与成的理念，为人们在职业跌宕中提升个人应变力提供了宝贵的启示。

一、《素书》谋与成的核心内涵

《素书》相传为秦末黄石公所作,全书仅有一千三百六十字,却涵盖了修身、齐家、治国、平天下的大道。其中,谋与成的理念贯穿始终,强调了面对复杂局势时,正确的谋划和行动是获取成功的重要方式。

1. 谋:深谋远虑,洞察局势

"谋"意味着要有深谋远虑的眼光,能够洞察局势的发展趋势。在职业发展中,职场人需要对行业动态、市场变化、技术创新等保持敏锐的洞察力,提前做好规划和准备。只有这样,挑战或机遇来临时,职场人才能迅速做出反应,采取有效的应对措施。例如,在互联网行业的发展过程中,一些企业能够准确把握市场趋势,提前布局移动互联网、人工智能等领域,从而在激烈的竞争中脱颖而出。而那些缺乏远见的企业,则可能跟不上时代的步伐而被淘汰。

2. 成:果断行动,实现目标

"成"强调的是在谋划的基础上,果断采取行动,实现既定的目标。在职业发展中,职场人不仅要有好的想法和计划,更要有付诸实践的勇气和决心。当机会出现时,职场人要敢于抓住,迅速行动,将计划转化为实际成果。例如,阿里巴巴的创始人马云,在互联网刚刚兴起的时候,就看到了电子商务的巨大潜力。他果断行动,带领团队克服重重困难,打造了阿里巴巴这个全球知名的电子商务平台。

二、提升个人应变力的四要素

1. 培养敏锐的洞察力

一是关注行业动态。在职业发展中,职场人可以通过阅读行业报告、参加行业会议、关注行业媒体等方式,掌握所在行业的动态,了解行业的发展趋势、政策法规、技术创新等信息。例如,在金融行业,随着金融科技的快速发展，传统金融机构面临着巨大的挑战。如果金融行业的从业者能够及时关注金融科技的发展趋势，学习相关的知识和技能，就能够更好地适应行业的变化，提升自己的竞争力。

二是分析市场变化。市场变化是影响职业发展的重要因素之一。职场人深入了解市场变化，如市场需求、竞争格局、消费者行为等方面的变化，学会分析市场变化，可以为自己的职业发展提供决策依据。以智能手机市场为例，随着消费者需求的不断变化，手机厂商需要不断推出新的产品和功能，以满足市场需求。如果手机行业从业者能够及时分析市场变化，了解消费者的需求和偏好，就能够为企业的产品研发和市场营销提供有价值的建议。

三是把握技术创新。技术创新是推动职业发展的重要动力。职场人可以通过学习新技术、参加技术培训、与技术专家交流等方式，关注技术创新的动态，了解新技术的应用场景、发展趋势、潜在影响等信息，提升自己的技术水平，为职业发展创造更多的机会。例如，在人工智能、大数据、区块链等新兴技术的推动下，许多行业都在发生深刻的变革，如果从业者能够及时把握技术创新的机遇，学习和应用相关的技术，就能够在职业发展中占据先机。

乔布斯的敏锐洞察力成就了苹果公司的传奇。史蒂夫·乔布斯是一位具有非凡洞察力的商业领袖。他在计算机、音乐、手机等领域的创新，改变了人们的生活方式，也成就了苹果公司的传奇。在计算机行业发展初期，乔布斯就看到了个人电脑的巨大潜力。他带领苹果公司推出具有创新性的麦金塔电脑，以简洁的设计、易用的操作系统和强大的功能，迅速赢得了市场的认可。数字音乐兴起，乔布斯又敏锐地察觉到了音乐市场的变化，他推出了 iPod 和 iTunes，将音乐与科技完美结合，颠覆了传统的音乐产业。后来，乔布斯又看到智能手机市场的巨大潜力，他带领苹果公司推出 iPhone。iPhone 以卓越的设计、强大的功能和丰富的应用生态，成为全球最受欢迎的智能手机之一。乔布斯的成功，得益于他对行业动态、市场变化和技术创新的敏锐洞察力。他总是能够在别人还没有意识到的时候，就看到未来的发展趋势，并果断采取行动，将自己的想法变成现实。

2. 保持积极的心态

一是面对挫折不气馁。在职业发展中，职场人难免遇到挫折和失败。这时，职场人要保持积极的心态，不气馁、不放弃。要相信自己的能力，从挫折中吸取教训，总结经验，为下一次的成功做好准备。例如，爱迪生在发明电灯的过程中，经历了无数次的失败。但他始终保持着积极的心态，不断尝试新的材料和方法，最终成功发明了电灯。

二是面对压力不焦虑。职业发展中的压力往往是不可避免的。职场人要学会正确对待压力，不焦虑、不恐慌。运动、冥想、阅读等方式可以帮助职场人缓解压力，保持良好的心态。例如，一些成功的企业家面对巨大的工作压力时，会通过跑步、练瑜伽等方式来放松身心，保持良好的工作状态。

三是面对变化不恐惧。在职业发展中，变化是常态。职场人要勇敢地面对变化，不恐惧、不抵触，学会适应变化，调整自己的心态和行为，以积极的态度迎接新的挑战。以传统媒体行业为例，互联网的发展使传统媒体面临着巨大的挑战，但一些媒体人能够勇敢地面对变化，积极转型，学习新媒体的知识和技能，开拓新的业务领域，实现了自己的职业发展。

3. 提升自身的能力

一是学习新知识。在快速发展的时代，知识更新换代的速度非常快。职场人可以通过阅读书籍、参加培训、在线学习等方式，拓宽自己的知识面，学习新知识，提升自己的知识水平和综合素质，为职业发展打下坚实的基础。例如，在人工智能时代，学习人工智能、大数据、机器学习等知识，将有助于职场人更好地适应未来的职业发展需求。

二是培养新技能。除了学习新知识，职场人可以通过实践、学习、积累项目经验等方式，培养新技能，提升自己的专业能力和竞争力。例如，在数字化时代，学习数据分析、编程、设计等技能，将有助于从业者在职业发展中占据优势。

三是提高综合素质。职业发展不仅需要专业能力，还需要良好的综合素质。职场人要注重提高自己的沟通能力、团队协作能力、领导能力、创新能力等综合素质。通过参加团队活动、担任领导职务、参与创新项目等方式，锻炼自己的综合素质。以企业管理者为例，他们不仅需要具备扎实的专业知识和丰富的管理经验，还需要具备良好的沟通能力、团队协作能力和领导能力，才能带领企业不断发展壮大。

4. 建立良好的人际关系

一是与同事合作。在职业发展中，要学会与同事沟通、协作，共同完成工作任务。职场人可以通过团队建设活动、项目合作等方式，增进与同事之间的感情，提高团队的凝聚力和战斗力。例如，在软件开发项目中，程序员、设计师、测试人员等不同岗位的人员需要密切合作，才能确保项目的顺利进行。如果团队成员之间缺乏沟通和协作，可能导致项目进度延误、质量下降等。

二是与上级沟通。与上级的沟通也是职业发展中不可或缺的一部分。职场人要学会与上级沟通，及时汇报工作进展，听取上级的意见和建议。通过定期汇报、邮件沟通、面谈等方式，与上级保持良好的沟通关系。比如，在企业中，员工如果能够与上级保持良好的沟通关系，就能够更好地理解企业的战略和目标，为自己的职业发展制定合理的规划。

三是与客户建立关系。客户是企业的生命线，与客户建立良好的关系对职业发展也非常重要。职场人要学会了解客户的需求和期望，为客户提供优质的产品和服务。通过客户调研、客户反馈、客户关怀等方式，与客户建立长期稳定的合作关系。以销售行业为例，销售人员如果能够与客户建立良好的关系，了解客户的需求和痛点，为客户提供个性化的解决方案，就能够提高客户的满意度和忠诚度，实现自己的销售目标。

参考文献

[1] 陈斯毅,薛飞翔,莫秀全. 职业素养[M]. 北京:北京师范大学出版社,2021.

[2] 封智勇,余来文,於天,等. 员工职业素养[M]. 上海:中国劳动社会保障出版社,2019.

[3] 田一可. 《弟子规》中的职业素养[M]. 北京:中国言实出版社,2014.

[4] 金景芳. 《周易·系辞传》新编详解[M]. 沈阳:辽海出版社,1998.

[5] 曾仕强. 曾仕强详解道德经:道经[M]. 北京:民主与建设出版社,2016.

[6] 王秀梅,译注. 诗经[M]. 北京:中华书局,2015.

[7] 子思. 中庸[M]. 南京:江苏科学技术出版社,2022.

[8] 钱宗武,译注. 尚书译注[M]. 北京:中华书局,2022.

[9] 王国轩,译注. 大学·中庸[M]. 北京:中华书局,2016.

[10] 方勇,译注. 孟子[M]. 北京:中华书局,2024.

[11] 杨伯峻. 论语译注[M]. 北京:中华书局,2017.